舛添要一

母と子は必ず、わかり合える

遠距離介護5年間の真実

講談社+α《プラスアルファ》新書

まえがき――人生の羅針盤となった母の教え

僭越《せんえつ》ながら、私は東京を「世界最高福祉都市」にしたいと思っています。この思いは、認知症を患《わずら》った母を看取《みと》るなかで、今の日本の社会福祉が抱えている歪《ひず》みや、国民の不安を目《ま》の当たりにして芽生《めば》えたものです。

はじめに厚生労働大臣の立場から、社会福祉の難題を直視し、それらの解決に努めました。ただ、大臣は国全体の基準を決める役目であるため、福祉の現場ごとに、血の通った政策を施行できなかったのも事実です。

そこで、厚労大臣時代にやり残したものを実現するため、二〇一四年、東京都知事選挙への出馬の意思を固めました。

「東京を変え、日本を変える」――都政は、国政にも大きな影響を与えます。ですから、東京での取り組みによって、日本を変えていけるとも考えたのです。

私が「世界最高福祉都市」を目指す理由は、この本を読めばおわかりいただけると思います。ここに、私の政治の原点となるものを記しました。

二〇〇〇年、九月二十六日。私は最愛の母を亡くしました。

誰にも訪れることとはいえ、私にとってはことのほか大きな出来事でした……親を看取るという人生の重大な節目を、もう一つの「生」のドラマとともに味わうことになったのですから。

臨月を迎えていた妻の陣痛《じんつう》が始まったのは、母が逝《い》った日の夜半でした。詳細は本文にゆずりますが、それから妻は文字通り産みの苦しみのなかでひと晩を過ごし、二十七日の朝、娘をこの世に産み届けてくれました。

それは、母を荼毘《だび》に付すための点火スイッチを自らの手で押した時刻と重なり、娘がまるで母の生まれ変わりとも、母の忘れ形見とも思わせられる不思議な体験でした。

「いのちのバトンタッチ」とでも言ったらいいのでしょうか、この不思議な縁、この味わい深い人生のドラマを目の当たりにした感動は、今でも忘れることができません。

そうして授《さず》かった娘も今では中学生になり、毎日、元気に学校へ通っています。またその後、私たち夫婦は今年で十一歳になる長男も授かりました。

この長男は親孝行な子で、誕生した瞬間から私を助けてくれました。

妻が出産のためクリニックに入院したので、生まれるまでの間、当時二歳半の娘と私の二人は家に残されました。

朝ご飯作りから始まる一日を、娘の身の回りの世話をしながら乗り越えるには、まず時間を捻出《ねんしゅつ》しなければなりません。ところが、すでに参議院議員として活動していた私は、連休中でもなければまとまった時間がそう作れるものではなく、ふつうなら途方に暮れていたところでしょう。

しかし、幸いにも長男は五月二日に生まれてくれました。大型連休の真っ只中ですから、議員活動に大きな支障をきたすことなく、とりあえず出産直後のあれこれを片付けることができたのです。

同時に、連休中であったからこその楽しい思い出も残せました。朝ご飯を作り、娘に食べさせ、後片付けを終えると親子ともすぐに身支度をととのえ、自転車の後ろに娘を乗せて妻と息子のいるクリニックへ向かう。その際は、なるべく車が通らない小路を選んでペダルをこぎました。すると、汚れていた水路を再生して作られた小川に棲《す》むメダカやザリガニ、そしてきれいな花々を娘とふたり眺めながら四十分間の「朝のピクニック」を楽しむことができました。

こうして長男誕生の喜びにひたりながら愛娘《まなむすめ》と過ごした爽やかな朝は、私の人生を彩《いろど》る忘れられない思い出になったのです。

けれども、新たにスタートした家族四人での生活は「朝のピクニック」のように晴朗なことばかりでなく、毎日がさながら戦場のようでした。

たとえば、長女はおかげさまでたいへん丈夫なのですが、長男はとても体が弱く、これまで四度も救急車のお世話になりました。熱を出すとひきつけを起こすので、その兆《きざ》しが見られると夜中であっても心配でおちおち寝てはいられません。何かあれば、かかりつけの病院まで私が車を運転していかなければならないため、ナイトキャップもお預けです。

もしこの子を失うようなことがあったら——そんな思いに心が押し潰《つぶ》されそうになり、不安な夜を過ごしたことを今でも思い出します。いつでもわが子を案じてやまないというのは親の自然な思いなのでしょうが、そのような意味でいえば、じつは母も亡くなるそのときまで息子である私を気遣ってくれたように思います。

当時、私は執筆活動以外にテレビ出演や講演と、日本中《なか》を駆けめぐる生活をしていました。ですから、母の最期に立ち会うことなど叶《かな》わぬものと半ば諦めていましたし、まして通夜、葬式を自ら執《と》り行ない、母の遺体を荼毘に付すまで一緒にいることなど絶対に無理だろうと思っていたのです。

ところが母は、奇跡的に空いた三日間のオフにぴたりと合わせるようにして、この世に別れを告げました。常々「息子の仕事の邪魔になることはしない」と口にしていた母でしたが、亡くなるタイミングをはかったかのように逝き、息子孝行を最後まで貫いてくれたことに生半可《なまはんか》ではない母の深い愛情を感じます。

そして、そのような思いをまた私もわが子へと注ぐ今、熱を出してもひきつけなど起こさなくなったこと一つが、ただただありがたいと思えるのです。

また、母から「いのちのバトンタッチ」を受けた長女を授かり、さらに長男を授かった私たち夫婦には、じつはもう一人、生きていれば九歳になる次女がいました。

どうしたことか胎内《たいない》でウイルスに感染し、最後は大学病院に搬送《はんそう》されましたが、医師の手厚い処置にもかかわらず帰らぬ子となりました。

胎内で過ごしたわずか五ヵ月のいのちをまっとうし、この世に生まれ出ることのなかった次女。特に彼女のお腹での成長ぶりをよく見ていましたから、本当に不憫《ふびん》で、残念でなりません。

ところで、私が厚生労働大臣になって間もなく、奈良県橿原《かしはら》市の妊娠二十四週の女性が、県内や大阪府の計九つの病院で受け入れを拒否され、救急車内で死産したうえ、衝突事故に遭《あ》うというショッキングな事件が起きました。

悲しい偶然ですが、このとき私が迅速に関係各処に指示できたのは、私たち夫婦の次女にまつわる先に述べた不幸な体験があったからです。私たちも、病院間の連携《れんけい》が悪かったために奈良の産婦さんと同じような経験をしていたのです。

ですから、私は日本の産婦人科医療の現場に問題があることをすでに知っていました。また、次女が母親の胎内で病《やまい》に侵されていることがわかったとき、私はこの子を助けようと手を尽くし、自らもいろいろ勉強しました。

産婦人科医の先生方と親しくお付き合いさせていただき、問題点を話し合ったり情報交換をするなかで、産科医療の現場を自分なりに勉強してきたのです。そんなご縁もあって、関東地方での日本産科婦人科学会で基調講演をさせていただいたこともあります。

都知事になる前の厚生労働省の仕事では、現場を知らないと判断に困る局面が多くありました。本書にも記しましたが、医療や介護の現場を熟知している人、お年寄りや患者さん、あるいはそのご家族の痛みがわかる人が行政の場にいなければならないと私はこれまで思ってきましたが、厚生労働大臣の職を拝命したころから、都知事になった今にいたるまでに、その思いはいっそう強まっています。

幸か不幸か、私は母の介護体験や次女の死産などを通して「生と死の現場」に立ち会い、またその都度《つど》、わからないことを学んできました。また、母と長女の「いのちのバトンタッチ」を目の当たりにして、いのちの不思議に触れる体験もさせてもらいました。

いのちとは何か、そして一人一人のいのちが、それに真剣に向き合えば向き合うほど、重く尊い学びを与えてくれるものであることを骨身にしみて知っているつもりです。

考えてみれば、私が厚生労働大臣を拝命したのも不思議な縁と言わざるをえません。私の専門は外交や防衛で、厚生労働の仕事ではありません。しかし、そもそも、母の介護体験がなかったら、政治家を志すこともなかったでしょう。

ですから二〇〇七年の八月末に、安倍晋三《あべしんぞう》総理（第一次安倍内閣）から「厚生労働の仕事は、あなたが一番やってきていることだから、大臣を引き受けてもらえないか」と言われたときには、安倍政権批判の急先鋒と言われていたこともあって、戸惑ったのも事実です。しかし、これも「天命」、母の導きと考えお受けしました。

厚生労働省は、みなさんご承知の通り課題が山積していました。まず、年金の問題。これは仕事をリタイアした人たちの命の綱ですから、なんとしても解決せねばならないことは言うまでもありません。

その他にも、先ほど少し触れた緊急医療や介護保険制度の問題、あるいは労働問題や薬害問題も重要で見過ごせません。私は冗談めかして、厚生労働省には「厚生大臣」と「年金大臣」、それに「労働大臣」の三大臣が必要だと言ったものですが、それほど処理しなければならない案件が山積し、かぎられた時間のなかでなかなか仕事が追いついていかない状態でした。

このように困難を伴う仕事でしたが、じつは私には一つの大きな強みがありました。それは、医師会や薬剤師会などとのしがらみがないことです。それに、議員としての原点であり、厚生労働相としての原点ともいえる母の介護体験が私にはあります。今では、「母との原点を頼りに働く私にしかできないことがある」、そう思えるようになりました。

それは、都政でも生かされると思います。

私が本書を執筆した理由は、母との五年間の介護生活の思いを整理し、その体験を総括したいと考えたからでした。実際、本書の原本を（十三年前に）執筆しながら心の整理をしていくなかで、参議院選出馬という政治家としての決意を固めています。

とはいえ、当時、私は多忙をきわめていましたので、正直申し上げると、本書執筆の仕事は体力的にも気力的にもたいへんな苦労を伴いました。

執筆は主に移動中の新幹線の車中などで行ないましたし、家にたどり着いてからは、乳飲み子を左手に抱え、空いた右手でノートパソコンのキーボードを叩くという日々が続きました。

こうした無理が目に大きな負担となったのか、後に迎えた参院選の最中に左目が網膜剥離《もうまくはくり》に襲われ、眼帯をして選挙戦に臨むことになりました。そのとき大手術をしましたが、以後も二度ほど出血し、そのたびに左目をかばいながらの生活をしてきました。

網膜剥離手術後の出血は、毛細血管が破れて起こったのですが、網膜が、いわば鏡のうえに真っ赤なペンキを流したような状態になります。ですから、その血が引くまでひと月ほどの間、患《わずら》った目では何も見えなくなってしまうのです。

現在でも、たとえば年金問題などの細かい数字を資料で追っていると、目にかかる負担が大きいのでしょうか、後遺症や飛蚊症《ひぶんしょう》に悩まされます。

しかし、そんな思いまでして私が本書を記したのは、何よりも母との思い出を残したかったからでした。五年間の遠距離介護生活を総括し、それを原点にしてその後の人生の羅針盤としたかったのです。

私は父を中学二年生のときに亡くしています。母は女手一つで、五人のきょうだいを育ててくれました。苦労している母を見て、末っ子ではありましたが、私は強い使命感をもちました。「しっかりせんといかん」。そういう気持ちが強かったと思います。

父の生前も、事業の失敗などで母は苦労をしてきましたから、きょうだいで唯一男の自分が、母を守らなくてはいけないという気持ちが強かったのです。

しかし、長じて学問を志してからは、私は九州に母を残して東京へ、ヨーロッパへと旅立っていきました。母が元気だからできたこととはいえ、私は若いころ、母には何もしてあげられなかった……仮に親孝行らしいことができたとしたら、それは母の晩年、認知症を患い、介護が必要になってからのことだったと思います。

私は今でもこのことを悔《く》いています。五年間の遠距離介護とはいっても、若いとき母に何もしてあげられなかった、せめてもの償《つぐな》いに過ぎません。そんなことでもしなければ、自分の気が済まなかったのです。もちろん、老い、病を得た母のためではありましたが、突きつめて言えば、自分のためでもあったのです。

母が私に最後に学ばせたこと、それは、自ら認知症になることで私に見せた「日本の現実」でした。そして、私が見たその日本の現実とは、なんとお粗末なものであったことか――。母は認知症になっても、最後まで私を導き続けてくれました。

母から得たこの学びを、私は決して無駄にしたくありません。だから、私にとって「介護」をはじめとする社会保障制度を整えるという仕事は、どうしても成就《じょうじゅ》しなければならないものなのです。

厚労大臣着任の際、天皇陛下から頂戴《ちょうだい》した「官記《かんき》」と呼ばれる任命書は、帰宅してすぐ母に報告したあと、位牌を祀《まつ》るその仏壇に収めさせていただきました。そしてこの仏壇に向かい、私は朝晩、香を手向《たむ》け、手を合わせたものです。

その習慣は今でも続いています。朝起きて、どんなに忙しかろうと線香を上げ、遺影に向かって手を合わせなければ知事室に向かうことはありません。また、どんなに夜遅く帰宅しようとも、同じことをしなければ床に就くことはありません。

今の私は、こうして母に支えてもらうことによって、なんとか心身のバランスを維持している状態です。母のこんな支えでもなければ、とてもではありませんが、多忙な都知事の仕事を果たすことはできないのです。

朝晩、私は手を合わせながら母に向かってこう言います。

「母ちゃん、あんたには何もしてやれんでごめんね。でもそのぶん、国民のみなさんにそれをすべてお返ししていくつもりだから、それで許してくれ」

今回、私の原点と誓いをまとめた原本に大幅な加筆をほどこした本書を、こうしてまたみなさんにお読みいただけることを、望外の幸せと感じています。

二〇一四年六月

舛添要一《ますぞえよういち》

目次◉母と子は必ず、わかり合える——遠距離介護5年間の真実

第九章　母を葬送《おく》る

第一章　母の死

足かけ五年にわたって東京から北九州に通い、私は母の介護を続けてきましたが、その母も二〇〇〇年秋に静かに息を引き取りました。苦労の絶えなかった八十六年の生涯を終えて、今は天国で憩っていることでしょう。

十三回忌の供養も終えた今、もう一度心の整理をしながら、介護の日々を振り返ってみようと思います。

命の灯火が消えるとき

二〇〇〇年九月二十五日から二十六日にかけての深夜は、母にとっても姉たちや私にとっても、長く、厳しい闘《たたか》いの夜でした。

北九州市八幡東《やはたひがし》区の病院で、病室の計器は、母の心拍数が六〇、五〇、四〇、三〇と衰えていく様《さま》を冷酷なまでに明示します。運悪くその瞬間にかぎって、私は母の枕元を離れて、人っ子一人いない病院のがらんとした談話室で仮眠をとっていました。すると姉が私を呼びに飛んできます。私はすぐに病室に戻り、母の手を握って、

「母ちゃん、頑張れよー」

と叫びました。酸素吸入器からは最大量の酸素が母の胸に送り込まれます。するとまた、心拍数が六〇、七〇、八〇と回復していきます。

しかし、あと数時間後にくる別れ、そして葬送の儀式に備えて、少しは体力を温存せねばなりません。宿直の医師からは、夕方の段階で「もう瞳孔《どうこう》も開いているし、時間の問題です」と宣告されていたのです。

大量の酸素吸入の結果、母の状態が落ち着くと、私は再び仮眠をとるために部屋を出ました。しばしうとうとしていると、また姉が、

「要一！　母ちゃんが危ない」

と駆け込んできます。そして、私が病室に入るとまた奇跡的に母の心臓が動き出します。それはあたかも、一人息子である私に、

「お前が看取《みと》ってくれないなら、三途《さんず》の川は渡れんよ」

とでも言っているかのようでした。

こうして心臓が停止しかけること三度、しかもなぜか私が母からちょっと目を離したときに、それは繰り返されたのです。そのたびに、覚悟はできているものの、二人の姉も私も狼《ろう》狽《ばい》してしまいました。

その後、明け方近くに、ザーッと通り雨に見舞われました。晴れた夜なのに、おかしなことだと思ったのを覚えています。その雨がサッと上がったとき、私に手を握られながら、そして私の声を聞きながら、母は逝《い》きました。ついに母の強靭《きょうじん》な心臓も永遠に鼓動《こどう》を止めたのです。二十六日、午前六時六分のことでした。

私は、担当の医師に、

「母が苦しむような無理な延命治療はしないでください。本人の力で精一杯生き抜くはずです」

そうお願いをしてありました。

その約束通り、医師も看護師さんも力のかぎりを尽くして、懸命の努力をしてくれました。多くの人の善意に包まれながら、母は安心したように目を閉じたのです。

「母ちゃん、もうこれで苦しまなくても済むよ、ゆっくり休めるよ」

こう私は母に別れの挨拶をしました。

親と死別するというのは、本当に悲しいことです。産声をあげて以来、自分にどれほどの愛情を注《そそ》いで大人になるまで育ててくれたか、そのことを考えるだけでも、感謝せずにはいられません。何歳になっても母親には甘えたいものです。

しかし、もうその母もいないのです。永久《とわ》の別れというのは、辛《つら》いことでした。

看取れた母、間に合わなかった父

昭和三十八（一九六三）年一月二十八日、私が中学二年生のときに父は亡くなりましたが、このとき私は、父の死に目に会えませんでした。

父については第六章で記しますが、父はもともと喘息《ぜんそく》もちで、咳《せ》き込んで苦しむことがよくありました。ところが最後に父の命を奪ったのは、胃癌《いがん》。そして五十年も前のことですから、医学の水準も現在ほど高くありません。

近隣の病院でさんざん手を尽くした挙句、最終的には九州大学附属病院（現・九州大学病院）に入院しました。九大といえば、九州でトップの大学。重篤《じゅうとく》な病《やまい》に襲われた者は皆、一縷《いちる》の望みをその附属病院に託《たく》すのです。

父が息を引き取ったとき、大学病院の病室にいたのは母と長姉と三番目の姉で、父の死の知らせに私と他の二人の姉は、泣きながら夜更けに列車に乗って九大病院に急ぎました。子供たちだけで夜汽車に乗ることだけでも怖いのに、父の亡骸《なきがら》に会いに行くのですから、その悲しみは筆舌《ひつぜつ》に尽くしがたいものがあります。

今は北九州市から博多に移動するのに新幹線を利用していますが、たまに在来線に乗ると、九大病院に急いだあの暗く寒い夜のことを思い出します。

廃線が決まった北海道のローカル線、幌舞《ほろまい》の駅を舞台にした浅田次郎《あさだじろう》さんの『鉄道員（ぽっぽや）』ではありませんが、鹿児島本線の八幡《やはた》駅のホームは、私に五十年以上も前の悲しい光景を再現させます。

父も母も、長い闘病生活で苦しんだ後にこの世を去りました。父の死に目には会えませんでしたが、母の最期は看取ることができました。それだけでも幸せなのかもしれません。父の場合は、持病の喘息で呼吸が止まるかのように咳き込んだうえに、癌の激痛にも悩まされました。ですから、本当に苦痛に顔をゆがめながら、死を迎えざるをえませんでした。母は認知症です。これまた本人にとっても家族にとっても悩み深い病気で、「介護地獄」などという言葉が生まれるくらいです。

しかし、認知症というのは、この世の苦しみを忘れさせるために神様がくださった良薬のような気もします。七十年、八十年と生きてくると、浮き世の楽しみのみならず、苦しみもまた次々と増えていきます。肉体の活力が減退するにつれて、この世の悲しみに耐えていくのは次第に辛くなるのではないでしょうか。

頭が明晰《めいせき》であればあるほど、深い悲しみはずしりと心に食い込んできます。認知症になってしまえば、明晰さがなくなる分、悲しみをさほど感じなくて済みます。

ですから、認知症というのは、子育てなど、人生の大仕事を成し終えた人に与えられる大いなる癒《いや》しなのではなかろうか——。母を送って十四年が過ぎた今、そんなふうに感じています。

母は、この認知症のおかげなのか、八十六年の人生の苦楽を振り返る辛い作業をすることもなく、心安らかにこの世に別れを告げることができました。この母の最期を見るかぎり、認知症もまた、決して悪いことばかりではないような気がします。特に父の癌と比べると、なおさらそのように思えてくるのです。

よく「芸人は親の死に目に立ち会えない」と言います。私のような仕事の人間にとっても、まったくその通りです。テレビ出演や執筆活動、それに講演と、日本中を駆けめぐる分刻みの生活をしていた私にとって、母の最期に立ち会えるなど奇跡に近いことでした。

しかも、通夜、葬式を執《と》り行ない、母の遺体を荼毘に付すには、少なくとも二日は必要です。亡くなってから二十四時間は火葬できませんので、たとえば夜の七時に亡くなれば、二十四時間後の翌日七時にはもう火葬場は閉まっています。そこで、葬儀、火葬は翌々日になります。この場合、亡くなった日を入れて三日がかりとなります。

二〇〇〇年の九月以降、私のスケジュールで自由になるのは、九月二十五日、二十六日、二十七日の三日間のみで、あとはキャンセルのきかない予定がぎっしりと詰まっていました。

ところが母は、私のこの予定に合わせるかのように、この世に別れを告げたのです。「息子の仕事の邪魔になることはしない」というのが母の方針であり口癖でした。早朝に死ぬことによって、翌日一番に荼毘に付せるように取りはからったかのように私には思えました。逝くときまで、息子孝行を貫いた母の優しさに頭が下がる思いです。母と息子、その絆《きずな》の強さを感じざるをえません。

介護がきっかけで家族崩壊

母が認知症に罹《かか》って以来始めた遠距離介護、つまり毎週のように東京と北九州を往復して母の介護をするという日常は、母の死まで続きました。

ですから、週末になると、東京駅の東海道新幹線のホームで最速の「のぞみ」に飛び乗る、あるいは羽田空港で福岡行きの便に走らなければ、という強迫観念のような感じが母の死後もしばらく続きました。五年ほどの間に身体が覚えた習《なら》い性《しょう》というのは怖いものです。

母の認知症の症状は一九九五年には散発的に現れていましたが、翌年の春になると真夜中に徘徊《はいかい》するなど、のっぴきならない状況になりました。

その当時、母は長姉夫婦と同居していましたが、長姉は、自分の手に負《お》えないのでなんとかしろと、私に苦情を言ってきました。それから姉と私の間で、母の介護をめぐって苦闘することになります。

まずは母をどこに移すかという問題を解決せねばなりません。とりあえず、近くの老人保健施設（老健）に厄介《やっかい》になることにしましたが、その当時の私は老健と特養（特別養護老人ホーム）を区別できないほど、介護についてはまったく無知でした。

したがって、母にとってどのようなケアが必要か、皆目《かいもく》見当がつきませんでした。そのため、母を入所させてはみたものの、その老健では、母に最も必要なリハビリがほとんど施《ほどこ》されず、認知症の症状は悪化の一途を辿《たど》るばかりでした。

そこで、これではいけないと、私自身が介護について猛勉強し、日本の社会保障システムについても再点検してみました。もちろん、自らも母の介護に全力をあげたことは言うまでもありません。

さんざん試行錯誤を繰り返した末に、母の認知症の悪化を食い止めるためには、期待はずれの施設から一日も早く母を脱出させて、在宅介護に踏み切るべきだという結論に達しました。

そのためには、母を迎える家がなければなりません。しかし、私が生まれ育った家は、母が長姉の家に同居するようになって以来、誰も住まないため廃屋《はいおく》になっていました。

家は駄目《だめ》でも、むろん土地はありますが、自動車でのアクセスが悪いなど不便でしたので、その土地の上に新居を建てるのは断念しました。

そこで、同じ北九州市八幡東区の交通の便のよい所に新たに土地を探して、母のための家を建てることにしました。資金の手当ては、地元の銀行に融資をお願いしました。ちなみに、母が亡くなっても、ローンの返済のほうは十年以上続いたのです。

一九九七年三月に待望の家は完成しましたが、そこに至る過程で、母の介護をめぐって私は長姉と決定的に対立してしまいました。

「せっかく施設に入れたのだから、そこに任せておけばよい、どうせあと一年くらいの命なのだから。認知症の母を世にさらせば、格好が悪い。弟の分際《ぶんざい》で家など建てて在宅介護などやられたら、姉としての世間体はどうなる」

というのが、長姉の考え方でした。

たとえ姉の意見でも、これは私には受け入れがたい主張でした。姉の世間体よりも、母の命のほうがはるかに大切だったからです。

その私に対して長姉夫婦は暴力まで振るうようになり、最後には母の命まで危険に陥《おちい》らせる愚を働きました。そこで、私はやむなく法的措置をとり、長姉夫婦を絶縁し、母の許《もと》から強制的に排除したのです。

警察のパトカーまで出動する騒ぎとなった、介護をめぐるこのような家族の軋轢《あつれき》には、ほとほと神経をすり減らしてしまいました。

介護は体力勝負ではなく神経戦

介護には、おむつを替える、車椅子で移動させる、入浴させるといった体力勝負の部分とともに、家族間の軋轢や、施設や行政との問題処理といった神経戦の部分があります。前者ももちろんたいへんですが、後者の辛さは表現のしようもありません。

今や多くの方々が介護の体験を公《おおやけ》にしていますが、報告されているのは、どちらかといえば体力勝負の側面についてです。

しかし、どの家庭にも家族の諍《いさか》いなどは大なり小なりあるもので、今振り返ってみますと、私にとってはこの神経戦のほうが、肉体的疲れよりもはるかに厳しかったように思います。

長姉との対立や抗争という嵐をくぐり抜けて、私は母にとって最適と思える介護を目指しましたが、それはまさに戦場でした。母を東京に呼び寄せなかったため、毎週、妻と二人で東京と北九州を往復する生活がはじまったのです。

そのようにしたのは、介護される側の気持ちを鑑《かんが》みたとき、住み慣れない土地で人生の終幕を迎えるより、長く住んできた場所で生をまっとうできるほうが幸せだという話を介護

母が住み慣れた家の庭先でくつろぐ

士から聞いていたからでした。

交通費は二人で一往復十万円。毎月四、五十万円という切符代の捻出《ねんしゅつ》だけでも、普通のサラリーマンなら不可能です。ましてや一年で五百万円もの大金を足代に使えるわけがありません。その介護が五年間続きましたから、単純に計算すれば二千五百万円も使ったことになります。家が一軒建つくらいの大金を費やしました。

いずれにしても、交通費だけでも捻出《ねんしゅつ》するために、フリーの立場を利用してお金を稼《かせ》ぐしかありません。ですから仕事の場を西日本へシフトして、テレビも大阪での出演を増やしました。そうすれば、東京から大阪までの交通費はテレビ局が負担しますので、少しでも交通費の節約になるのです。

そして、移動中も不眠不休で原稿の執筆などの仕事をしました。じつは、それを可能にしたのが最先端の情報通信機器です。パソコンでデータを処理し、インターネットで送信する、そうすれば世界中どこにいようとも仕事ができます。インターネットというのは便利なもので、かつてのように重い資料を持参して移動する必要がなくなりました。

パソコン一つあれば、情報通信技術の進歩によって必要な資料はパソコンの画面上に現れます。これは、いわば世界中の図書館を持ち歩いているようなもの。

ですから、九州に行っているときに、テレビや新聞のコメント依頼が急遽《きゅうきょ》舞い込んでも、このシステムを活用すれば、仕事に必要な情報は十分に収集できました。そして、原稿を書いて送る作業も、どこからでも電子メールでできたのです。

本当にありがたい時代が来たものです。実際、インターネットがなければ、遠距離介護を毎週続けることは不可能だったでしょう。インターネットは便利な道具です。

こうして森喜朗《もりよしろう》元首相がＩＴ革命を唱える何年も前から、私は情報通信技術を駆使《くし》して仕事の効率を上げ、介護と仕事の両立に挑戦しました。

人の尊厳を守るために

介護の現場は、きれいごとでは済みません。私がおむつを替えようとすると、たとえ息子でも男ですから、母は嫌がります。

年はとっても、認知症であっても、女性である以上、自分の身体を男性の目にさらすことを躊躇《ちゅうちょ》するのは当然です。そこで妻か姉の出番となります。

同じように、亡くなったあとに遺体を清め、死に装束《しょうぞく》を整える作業についても、おむつを替えるときと同様な細かい配慮が不可欠だと思います。

ところが、おむつの場合も、また亡骸《なきがら》の処置の場合はなおさらのこと、そのような気配りがなされていないのが現状なのです。

認知症になろうと、また亡骸になろうとも、女性は女性なのですから、人としての尊厳に対する心配りが必要です。

また、母の下着を洗うときにも、神経を使います。糞尿《ふんにょう》がおむつから漏《も》れたり、食べ物をこぼしたりして、衣服が汚れて異臭を放つからです。極端な場合、専用の洗濯機が必要となります。家族の下着と一緒に洗濯すると、臭いが移ってしまいます。

そこで二台目の洗濯機を買うと、その出費を覚悟せねばなりませんし、当然のことながら電気代も倍かかります。それに衣類も、汚れが激しいので頻繁《ひんぱん》に買い替える必要がありました。おむつ代に加えて、この衣料費も馬鹿になりません。

介護保険を担当する厚生労働省は、このようなことにも、細やかな心遣いをもって職務に当たるべきでしょう。

介護の現場では、毎日の細かいことが積み重なって介護地獄が生まれているのです。介護の現場を熟知している人、介護を受ける人や介護をする家族の痛みがわかる人が、行政の場にいてほしいと切実に思いました。

介護者の持病とは何か

私たちの家では、力仕事は私の役割で、母を車椅子に乗せ、散歩に出かけていました。日本の町は、まだ完全にはバリアフリー化されていませんので、車椅子を押すのにも余分な力が要ります。わずかの段差を越えるのに、力を振りしぼらねばなりません。

そこで義務教育が終わるまでに、日本のすべての子供に車椅子体験をさせたほうがよいと思いました。もちろん、要介護者、介護者、双方の立場でです。

そうすれば、バリアフリーの必要性がわかると思いますし、物（ハード）だけでなく、心（ソフト）のバリアを除去することが、いかに大切かということも理解できるのではないでしょうか。介護体験を通して、生命の尊さに深く思い至れば、ナイフで簡単に人を殺すような青少年にはならないはずなのです。

とにかく、町でも家のなかでも、至る所に段差がありますので、このままでは腰痛が介護者の持病になってしまいます。私もまた、腰痛にはずいぶん悩まされました。近所の整形外科の常連になってしまいましたし、また鍼《はり》や指圧、それに整体など、それこそ何度通ったかしれません。

そして効果があると言われる、ありとあらゆる治療を試みた末に、私が到達した最良の腰痛治療法は、歩くことでした。一日に一万歩以上歩くように心がけてみましたが、腰痛が嘘のようになくなったのです。

腰痛には、いろいろな原因があるのでしょうが、背筋力と腹筋力が落ちていれば症状は好転しません。歩くことによって全身の筋肉がバランスよく鍛えられるのでしょう。効果てきめんでした。

今でも、万歩計を腰につけて歩くことを日課にしています。歩くことのよさは、手軽にできることです。介護をしていると時間に追われて、スポーツジムに通ったりする暇はありません。

いつでも、どこでも気軽にできる運動、それが歩くことです。介護する者が倒れたら、親子共倒れになってしまいますので、健康管理にはことのほか気を使いました。

神経をすり減らした行政との戦い

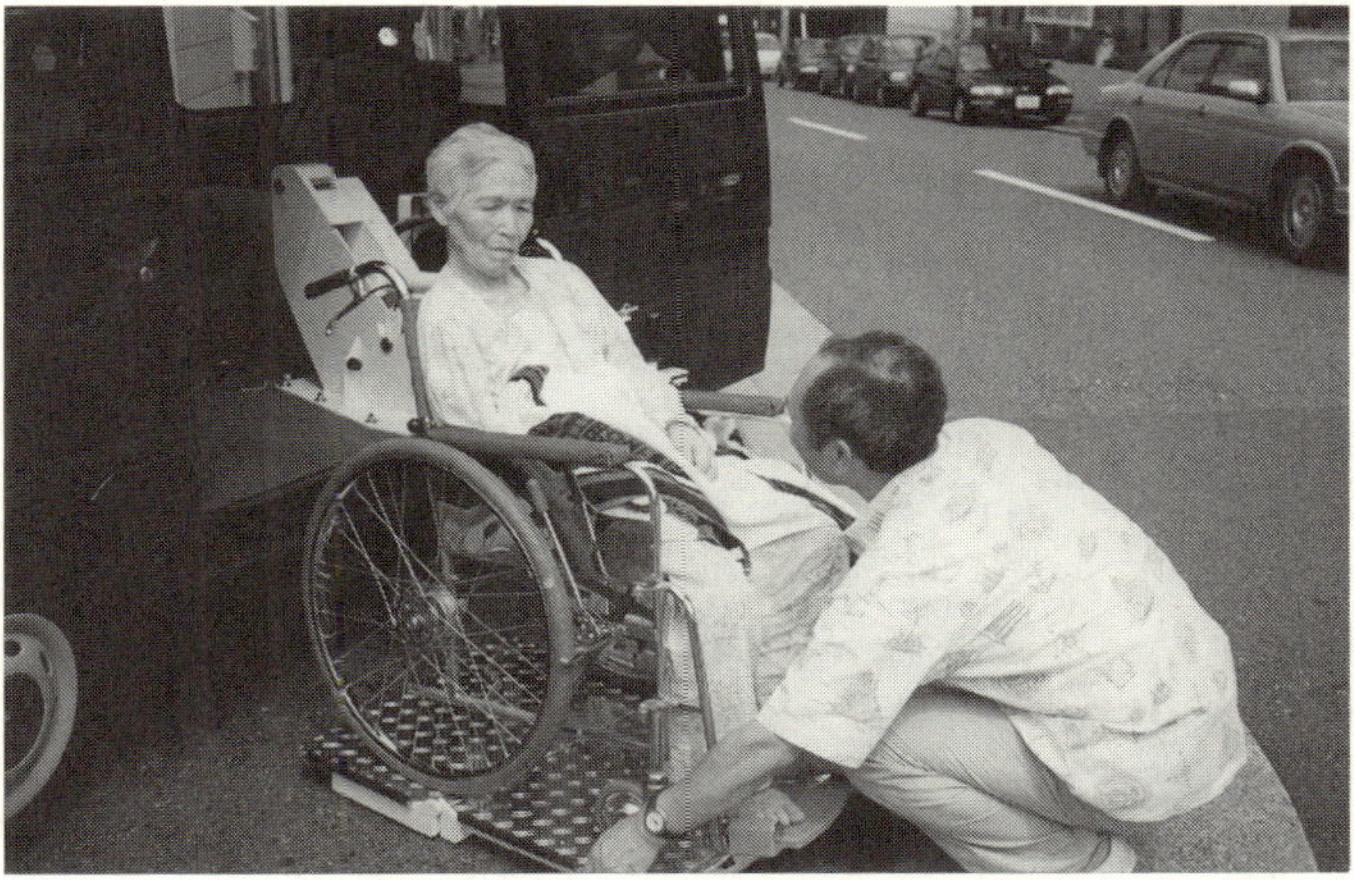

「駐車禁止等除外標章」をとるのも一苦労

行政との戦いにもまた、神経を使いました。母を車椅子ごと移動させるために、福祉車両を購入しようとしたところ、うんざりするような複雑な手続きを求められました。

身体障害者用の税の減免措置を申請しようとしたときのことです。介護する私が、母の住む北九州市ではなく東京に住民登録をしているということだけで、役所からは難色を示されました。

同じように警察に行って、「駐車禁止等除外標章」の交付を申請しますと、これまた私の運転免許証が東京都公安委員会発行で、福岡県公安委員会が出したものではないから手続きできないというのです。

中央集権の弊害が指摘されて久しいこの国が、福祉の問題では、いつからこれほど地方分権的になったのでしょう。

当時、警察によれば、この問題の解決法は、身体障害者の母に運転させることだそうで、これには開いた口が塞《ふさ》がりませんでした。動けなくなった母を、東京から息子が駆けつけて車椅子ごと特殊車両に乗せ、ドライブすることがなぜできないのでしょうか。

「家族が親の介護をするのが日本の美風」とのたまった、当時自民党の亀井静香《かめいしずか》氏には、自分の古巣の警察を改革して、東京の運転免許証が福岡でも通用するようにしたらどうなのか、と苦言を呈《てい》したい思いでした。権力者にも、しっかりと介護の現場を見ていただきたいと思ったのです。

これは当時「駐車禁止等除外標章」は車両に対して発行していたため、免許証に登録されている本人の現住所と車両登録されている都道府県が一致していなかった場合、都道府県の運用によっては「駐車禁止等除外標章」の交付を受けることができない場合があったことによるもので、警察庁によれば、現在の運用では障害者本人に対して「駐車禁止等除外標章」を交付しているため、このような不都合は生じないはずだということです。

福祉車両の購入時の減免措置に関しては、現在、身体障害者用に一定の改造を施された自動車を購入した場合には、特段の申請を行なわないでも消費税は非課税となります。

母の介護をする前は、鳥瞰《ちょうかん》的に日本の政治・経済・社会システムを眺めてその改革の方向を模索《もさく》してきたのですが、介護の現場に降り立ちますと、蟻《あり》になったかのように地面に這《は》いつくばって、旧習墨守《きゅうしゅうぼくしゅ》の官僚機構と戦う羽目《はめ》になってしまいました。

しかし、そのおかげで、霞が関の論理では見えないものが、手に取るようにわかるようになりました。母は認知症になることによって、政治家としての私に大きな学びをさせてくれたのです。

政治は弱者のためにこそ必要で、国民の健康や教育については、貧富、人種、出自《しゅつじ》、年齢、男女などのいかなる差別もあってはなりません。私のこの政治哲学は、母の介護によってますます強固になっていきました。

老いようが認知症に罹《かか》ろうが、母の魂は諄々《じゅんじゅん》と私に学びと気づきを与え続けてくれました。皮相的な理解だけでは、認知症は単に「家族の恥」となるのでしょう。しかし、母は亡くなるその瞬間まで私を導き続けたのです。

このようなことは母親にしかできないでしょう。今振り返っても、絆《きずな》の不思議とありがたさに心打たれる思いがします。

第二章　母に襁褓《むつき》をあてるとき

母の介護については、「婦人公論」の一九九七年十一、十二月号に初めて一文を寄稿したところ、たいへんな反響をいただきました。

それは、一つには、これまで女性、とりわけ嫁の役割のように思われていた介護に、男も参画するようになったことが、新鮮な驚きをもって世間に受け止められたからです。また、もう一つには、東京から九州に通って介護するという遠距離介護の現実も、同じような境遇《きょうぐう》にある人たちの共感を呼んだのでしょう。その結果、介護体験記を連載することになり、結局、それを『母に襁褓をあてるとき　介護　闘いの日々』(中央公論社、一九九八年）という単行本にまとめるまでになりました。

この拙著はベストセラーとなり、図書館では点字や朗読の形でも多くの読者を得て、読者の方々からさまざまな感想文が寄せられました。本当にありがたいことです。

もちろん私に対して、家族崩壊について厳しい批判をする人もいましたが、私の格闘ぶりに励まされて、自殺を思いとどまったという人もいました。わが家の恥をさらしてまで、介護という重い課題について語り、介護の社会化を訴えた意義はあったのではないかと考えます。

多くの読者を得た私の介護体験記ですが、本書では、その後の母の状態、そして死に至るまでの母の介護をめぐる経緯について記しておきたいと思います。

認知症の母を連れて温泉旅行へ

単行本は、母を山口県の湯田《ゆだ》温泉に連れて行く約束をしたところで終わっていますが、実際に一九九七年十二月六、七日に、二人の姉とその家族、そして私たち夫婦で母を連れて温泉に出かけました。

母のために購入した福祉車両に車椅子ごと母を乗せて、姉が母を後ろから支え、妻が助手席で母の状態に気を配りながら、私がハンドルを握って北九州市八幡東区の自宅を出ました。

自宅から都市高速道路の入り口までは、わずか五分。都市高速から門司《もじ》で九州・中国自動車道に乗り換えると、すぐに関門海峡が見えてきます。そして北九州市を背後にして壇《だん》ノ浦《うら》の速い潮の流れを眼下に見ながら、あっという間に本州に入るのです。

さらに、ふぐの産地で有名な下関を経て、明治維新の原動力となった長州を小郡《おごおり》（現・山口市）まで走ります。ここで高速道路を下り、一般道を二十分も走ると湯田温泉に着きます。八幡を出てから約一時間半の行程でしたが、母の体力ではこれが限界でした。

「あと少しで着くから、辛抱《しんぼう》して」

と何度も母に話しかけながら、アクセルを踏んでいたのです。

スピードを出すと、揺れが大きくなりますので、車椅子の母親には苦痛が伴《ともな》います。そもそも車椅子そのものが長時間の移動用にはできていませんし、決して快適な乗り物ではありません。そのうえ自動車の走行による振動で、私でも二時間もじっと乗っていれば疲れ切ってしまいます。

ですから旅館に車が着くや否や、疲れがどっと出たのか、母は気分が悪くなって車中で嘔《おう》吐《と》してしまいました。長いドライブに我慢して耐えていたのでしょう。

母はもともと車に弱く、すぐに車酔いする体質でした。特にバスは苦手で、少し遠回りになっても電車を利用するのが常でした。乗用車もまた不得手でした。

ただ、私が運転する車だけは別で、酔ったことがありません。これは息子の運転だから、気分が悪くなったときはいつでも停車を命じることができるという気楽さからでしょう。

特に自分の生まれ故郷の鞍手《くらて》をドライブするときなどは、私に道順の指示をしたり昔話をするのに忙しくて、気分が悪くなるどころではありませんでした。

四十年前、私が運転免許を取り立てのころ、従兄《いとこ》の所有していたポンコツ車を借りて、母

福祉車両には車椅子ごと乗れる

を乗せて鞍手の田舎を走ったことがあります。そのとき突然雨が降り出したのに、ワイパーが動かなくなってしまいました。そこで窓から顔を出して視界を確保しながら峠を越えることになったのです。すると、

「昔はこの峠ば歩いて越えたんばい、よう狐が出よったよ」

と母が語りかけてきました。

また、今はもう廃線となった室木《むろき》線の踏切を渡るときなど、

「あんたの祖母《ばあ》さんな、汽車の煙の臭いが好きで、よう汽車を見に来よんしゃった。昔《むか》しゃ、ちょっとくらい出発の遅れたって、お客さんの皆乗ってきんさるまで、汽車のほうが待ってくれていたんばい」

などと、嘘か本当かわかりませんが、すっか

り饒舌《じょうぜつ》になったものです。こちらは、雨に濡《ぬ》れながら窓から顔を出して懸命に運転しているのですから、そんな昔話に付き合っている暇はありませんでしたが——。

八幡から湯田温泉までの道を飛ばしながら、そんな四十年前の田舎道でののどかな光景を思い出していました。

たとえ免許取り立てであっても、母は息子の私に全幅の信頼を置いていたのでしょう。車も、小さな軽自動車で、今にも底の抜けそうな時代物でしたが、それでも母と息子の対話のための立派な小道具となりました。

しかし、秋の実りに向けて力強く伸びた青い水田のなか、畦《あぜ》道を母と走ったあの四十年前の暑い夏の日はもう戻ってはきません。認知症で言葉も自由には発せなくなった母を乗せて、乳飲み子をあやすように母の状態に気を配りながら、まっすぐに伸びた冷たい高速道路をひたすら走るのみでした。

湯舟で見せた至福の笑顔

旅館では、その宿を紹介して予約の労《ろう》をとってくれた山口の友人夫妻が温かく迎えてくれました。まずは、気分のすぐれない母をひと休みさせます。

かつて昭和天皇もお泊まりになったというこの旅館は、伝統的な日本家屋で、なんとも言

山口県湯田温泉の宿にて

えない風格が備わっています。私たち家族九人が二部屋に分かれて泊まりましたが、この旅館を選んだ最大の理由は、部屋に温泉が付いているということです。

他のお客さんと一緒に入る大浴場では、認知症を患った母を介助しながら入浴させることはできません。もちろん普通の温泉宿でも、各部屋に小さな風呂は付いていますが、それは水道水で、温泉ではありません。母に温泉を楽しんでもらうことが目的ですから、それでは目的を達することができません。

ところが、そのときはまだ部屋にまで温泉が引いてある旅館は数がかぎられていたのです。

日本の観光地は、近年の不況で深刻な打撃を受け、お客さん欲しさに値下げ（ダンピング）競争をして自分で自分の首を絞めていますが、十年一日《いちじつ》のように昔風の団体宴会旅行を想定した企画では、もはや集客は望めないでしょう。

最近では各部屋に温泉を引いた露天風呂まである宿も増えているようですが、高齢社会では、母のような要介護老人の利用も考えなければなりませんし、「家族水入らず」を可能にする仕掛《しか》けがもっと必要です。現に家族風呂などは大盛況。観光地や温泉宿も頭を使わなければ生き残れない時代がきているのです。

さて、母の気分が落ち着いたところで、いよいよ待ちに待った母の入浴時間です。

「天皇陛下がお使いになったお風呂に入るんだよ」

そう言い聞かせるだけで母の眼が輝きます。

温泉がほとばしり出る浴槽に、姉と妻と姪《めい》の三人がかりで母を抱え入ります。お湯に浸《つか》った瞬間、母の顔から笑みがこぼれました。まさに「至福のとき」といった面持ち、その嬉しそうな表情は、今でも忘れることができません。

母の、この笑顔が見たくて計画した温泉行きでした。ここまで来た甲斐《かい》があるというものです。生活の苦しみにも負けずに、笑顔で私たちに接してくれていた母でしたが、やはり認知症ともなると笑顔がだんだんに消えていきます。そんな母を見ていると、介護する側もなんともやり切れない思いがするものです。

しかし母は今、昔のような屈託《くったく》のない笑顔で、介護する私を労《ねぎら》ってくれたのでした。私たち母子にとって、温泉は心身ともにくつろげる最高の贈り物となったのです。

母の「至福のとき」は、しかしながら長くは続きませんでした。

熱い風呂は、体力のないお年寄りの心臓には負担になります。温泉に浸って数分が経ちますと、母はどっと疲れたような表情を見せました。今度は、皆があわてて母を湯舟の外に出します。身体をさっと洗って、入浴終了です。

百キロもの道のりを我慢して走ってきたのは、この数分間の幸せのためだったわけです。しかし、母にとっても十分に来た甲斐《かい》があったと思います。

余生を楽しむための交通システム

この旅行との絡《から》みで感じたのは、高齢社会には、高速で快適に移動する手段が必要だということです。

飛行機や新幹線のおかげで移動時間がどれだけ短縮されたかわかりません。自動車もまた便利な乗り物ですが、車椅子が必要な身体になっても、乗り込むのに不便のないように改造された車が必要です。

母の場合は、車椅子のまま容易に乗り込める福祉車両がたいへん役に立ちました。そして、短時間で目的地に着くためにも高速道路が不可欠です。

北九州市の最寄りの温泉地は、日本でも有数の温泉地、別府《べっぷ》です。距離的には百キロにも満たないのですが、道が悪すぎます。

高速道路まがいの有料の自動車専用道路が部分的に完成しているのみで、あとは普通の国道ですから、信号があり、道は狭くて振動も激しいときています。また、所要時間も二時間半はかかると言われていましたから、とても母の体力では耐えられないのです。

別府には母も行ったことがありますし、楽しい思い出も一杯でしたから、是非とも連れて行ってあげたかったのですが、残念ながらこうした道路事情で断念せざるをえませんでした。

それに比べて、山口県の湯田温泉は距離的には遠くても、ほとんどの行程が高速道路なので時間的に短く、しかも信号もなく、乗っている母にとっては楽に行ける場所なのでした。

中国地方は、山口県、広島県、岡山県と、首相や運輸大臣（当時）になるような有力政治家を輩出しているからでしょう、高速道路の整備も進んでいます。これに対して大分県は村《むら》山富市《やまとみいち》さんが総理大臣になったものの、長続きしなかったこともあって、とにかく基盤整備が遅れていました。

現在、二〇一六年度に椎田南《しいだみなみ》インターチェンジから宇佐《うさ》インターチェンジ間が開通して東九州自動車道はほぼ完成と聞いていますが、弱者の足となる大切な事業への取り組みを急いでほしいと思っています。

老いて体力が衰えたとき、どこに住んでいるかによって温泉旅行の楽しみもなくなるようでは、決して進んだ国とは言えません。温泉地自らの努力も必要ですが、交通のアクセスもまた重要です。別府温泉にかつての勢いが見られない理由がわかるような気がします。

鉄道の場合は、山形新幹線のように通称は新幹線であっても、速度が遅く、踏切があるようなミニ新幹線ではなく、山陽新幹線のように時速三百キロで疾走できるフル規格が望ましいでしょう。

五年にわたる東京から九州に通う遠距離介護を、私に可能にした文明の利器が、飛行機と並んで、世界最速（当時）の列車「のぞみ」なのです。交通網の整備も、どうせお金をかけるのなら中途半端なものではなく、高齢社会にも対応できるシステムを完成させてほしいものです。

介護はプロに、家族は愛情を

さて、温泉で汗を流したあとは夕食です。新鮮な素材を使って、板前さんが心を込めて作ってくれたご馳走《ちそう》が並びます。

この当時の母は手の機能が低下し、かろうじて指が使える程度でしたが、可能なかぎり他の力を借りずに、食べ物を自らの手で口に運ぶようにさせました。このように、自分の筋肉を使っていないと、すぐに身体の機能が衰えてしまうのです。

それに、食事の摂取《せっしゅ》一つとっても、自立するということは精神的にも活力を保つことにつながります。リハビリの重要性もここにあります。

母は温泉に入ってお腹が空いたのか、驚くほどの食欲をみせました。何皿も出てくる豪華な料理を、次から次へとおいしそうに食べていきます。本当に満足げな様子で、温泉旅行を敢行してよかったとつくづく思ったものです。

認知症になってからも母が長生きできたのは、食欲旺盛で、グルメだったからだと思います。お年寄りになると、あっさりした物を好むようになると言いますが、母の場合、若い人のようにビフテキや海老天ぷらなどが好物で、脂っこい物を好んで食べました。健啖《けんたん》家であったおかげで体力を保つことができたのです。

ですから、自分の口から食べ物をとれなくなったら、母の生命力が一気に減退することは確実です。そこで、嚥下《えんげ》、つまり食べ物を飲み込む機能に障害が起きないか、入れ歯の具合に不都合はないかなど、いつも注意して、自分の力で食べるように勇気づけました。

それでも、家族と一緒だと甘えが出てくるのでしょう。スプーンで食べ物を口に運んでくれと懇願《こんがん》するような眼差しで姉や私のほうを見ます。しかし、そこを我慢して、母が自分で手を使うようにしなければなりません。

家族が介護すべきか否かという議論については、「介護はプロに、家族は愛情を」という原則でよいと思います。特にリハビリの努力をさせる、自立心を保たせる、そのためには、家族でない他人が介護をするほうがよいような気がします。

家族だと、お年寄りはどうしても甘えてしまいますし、家族のほうも、つい情にほだされてしまうからです。

さて食事のあとは、おむつを取り替えて就寝です。布団の周りを子供や孫たちに囲まれて、安眠どころではありません。この賑やかな夜、私たち家族は交代で母のそばに付き添うかたわら、温泉に浸ったり温泉街を散策したりして、師走に入った湯田温泉を満喫《まんきつ》しました。

翌日、師走にしては暖かい朝を迎えました。私たちは朝風呂を楽しみましたが、さすがに母は疲れていましたので、温泉は避け、北九州での朝のように、口内を水ですすぎ、熱いタオルで顔を拭いて身繕《みづくろ》いをさせました。

前の晩に大食したこともあって、朝ご飯はあまり食欲が湧かなかったようです。食後、一服したところで、素晴らしい思い出を作ってくれた旅館に別れを告げ、北九州に向けてまた高速道路をひた走りしました。復路は往路の経験もあり、母が車酔いすることもなく、私たち一行は八幡の家に無事に帰り着きました。

受け継がれた母の遺志

ところで、母を八幡から山口まで運んでくれたこの福祉車両は、その後、大分県の耶馬渓《やばけい》という紅葉の素晴らしい町で、他の車椅子のお年寄りのために働くことになります。あとで詳しく述べますが、二〇〇〇年二月に病状が悪化して、危篤《きとく》状態にまで陥《おちい》り、すっかり寝たきりになった母は車椅子にすら座ることができなくなってしまいました。したがって、福祉車両の出番がなくなったのです。そこで、この車を使ってくれる引き取り先を探し始めました。

母の在宅介護のあり方について悩んでいたとき、いろいろな方々にご協力を仰《あお》ぎましたが、郵便局のネットワークが大いに役立つことに気づきました。郵便配達の方は毎日のように各家庭を訪ねますので、独居老人の家で何か異変が生じていれば、すぐにわかります。

実際に郵便局は、郵便配達のついでに独居老人の家庭にご用聞きに伺《うかが》う「ひまわりサービス」を全国各地で展開しており、地域のお年寄りにたいへん感謝されていました。

私も、北九州市の郵便局と協議して、どのような形で在宅介護を支援するかを探りました。

たとえば、郵便局員に介護士の資格を取ってもらう、私の家の福祉車両を活用してもらう、郵便局と警察や消防との連携を図るなど多くのアイデアが出てきて、実現したものもたくさんあります。

全国にある郵便局のネットワークは、日本国民の貴重な財産です。これを高齢社会にどのように活用するかを、皆で知恵を出し合うとよいと思います。

とまれ、そんな経緯で、まずは地元の郵便局で母の福祉車両を活用してもらえないかと相談したのです。郵便局長さんの異動もあり、結論が出ないまま時が経過しましたが、ある暑い夏の日に、博多の郵便局に勤めている友人から東京の事務所に電話がありました。

耶馬渓の町で、身体が不自由になったお年寄りの移送に苦労していることを伝えてきたのです。それではということで、直接、耶馬渓町の福祉担当者に電話をかけ、この町に車を寄付することに決めました。

九月の後半になれば北九州に帰る時間が取れそうなので、九月二十六日に車を引き取りに来てもらうように算段を整えました。ところが、まさにその日の早朝に母は逝ったのです。

約束通り、午前中に町長さんと福祉課長さんが八幡の自宅にみえたわけですが、そのときはちょうど母の遺体を病院から自宅に運んで安置し、花一杯の祭壇《さいだん》をしつらえている最中でした。

通夜の準備に忙殺されるなか、身体の不自由な母が外出するときの足となった車は大分県に向けて出発しました。ちっぽけな車すら、母の遺志を継いで、一日も無駄なく次の奉仕の場へと旅立ったかと思うと、いじらしいような気もしますし、また母が自分の死ぬ日を計算し尽くしていたようにも思えてなりません。

思い出の地「青の洞門」

葬儀も終わって一段落した十一月五日、姉とともに秋色深まる渓谷の町に出かけていきました。例年秋の紅葉の季節に「耶馬渓観光秋まつり」が開催され、近隣の市町村からも観光客が紅葉狩りに繰り出しますが、この祭りの際に、町が主催して福祉車両の贈呈《ぞうてい》式を行なうことになったからです。

歌謡ショーや餅《もち》まきなどの催し物の間に贈呈式が行なわれ、町長さんに贈呈目録と車の鍵をお渡しすることができました。

緑色の車体には、白のペンキで「耶馬渓町福祉センター」とすでに記されており、登録ナンバーも北九州から大分ナンバーに変わっていました。母の死後、ただちに隣県の「再就職先」で活動を始めたことがわかりましたし、町民の皆さまにも感謝されました。天国の母も、きっと満足しているものと確信しています。

贈呈式のあと、町民ホールで介護に関する講演をしました。二百人もの人が聴きに来てくれましたが、介護問題が全国民の大きな関心事になっていることがよくわかりました。

耶馬渓町を訪ねるのは、小学生のころ遠足に行って以来のことです。菊池寛《きくちかん》の小説『恩讐《おんしゅう》の彼方に』で有名な「青の洞門《どうもん》」があります。

江戸時代、曹洞宗の僧禅海《ぜんかい》が諸国行脚の途中、耶馬渓を訪れ、鎖《くさり》渡しの難所で人馬が川に落ち流されるのを見て、衆生済度《しゅじょうさいど》のため隧道掘削《ずいどうくっさく》を決定《けつじょう》しました。滑落事故の絶えなかった断崖に鑿《のみ》一つで享保二十（一七三五）年、四十九歳のときから三十年かけて掘ったトンネルが「青の洞門」です。

子供のころ、近くの神社にやってくる紙芝居でこの話を教えられた私は、たいへん感激したことを今でも覚えています。その「青の洞門」と四十数年ぶりの再会です。そして、紅葉の素晴らしさは息を呑《の》むばかりでした。頼山陽《らいさんよう》が、あまりの絶景に筆を投げたと伝えられるほどです。

「耶馬渓観光秋まつり」の一連の行事が終わったあと、ぬるめの温泉に浸り、葬式の前後から積もりに積もった疲れを癒《いや》しました。

温泉のあとは町長主催の夕食会です。山の幸が続きます。銀杏《ぎんなん》、山芋《やまいも》、きのこ、鹿やいのししの肉など、豊かな自然の恵み、そして母の介護を通じて広がった人の輪に感謝しながら、夜のとばりが垂れ込める耶馬渓をあとにしたのでした。

崩壊寸前の産婦人科医療の課題

この福祉車両についての後日談ですが、私が厚生労働大臣を拝命した当時に、大分県中津市の市長さんからお手紙をいただきました。

そこには、母の福祉車両が「ますぞえ号」の愛称でまだお役に立っていること、また、平成十七（二〇〇五）年三月の市町村合併により、耶馬渓町から中津市へ編入合併されたことから、新生中津市の新貝正勝《しんがいまさかつ》初代市長のもと、市内のデイサービスセンターの利用者の送迎用としてご利用いただいていることなどが記されていました。

母の遺志を継ぐかのように耶馬渓へ引き取られていったこの車が、まだ皆さんのお役に立てていることを知ってありがたい気持ちで一杯になりました。

じつは市長さんのこの手紙には、福祉車両の現状のご報告に加え、当時の市の窮状《きゅうじょう》を訴える文面が続いています。それは市内の産婦人科医療に関しての訴えでした。

それによると、中津市では、地域医療の拠点として中津市民病院を設置し、医療圏人口二十四万人の地域住民の命を守る中核的な病院として診療を行なっていたそうです。しかし、新医師臨床研修制度などの影響もあって、三名いた産婦人科医が他の医療機関へ異動し、やむなく二〇〇七年の四月に産科が休止してしまったといいます。

そのため、中津市民病院に搬送されていた患者さんが、大分、別府あるいは北九州の病院へ一時間かけて搬送されるという事態に陥《おちい》りました。

さらに、以前市内に七施設あった産婦人科も一施設となり、市内病院で取り扱っていた年間約二百件の分娩《ぶんべん》は、市内の施設および近隣の産婦人科医院に担ってもらっている状況だと手紙には記されていました。このままの状態が続けば、その近隣の産婦人科医院も閉院する危険性があるとも。

幸いにも、中津市民病院の産婦人科は二〇一一年に再開され、二〇一二年には分娩の取り扱いも開始されました。

しかし、私がこの本の「まえがき」で、産婦人科医療の現場に問題があることに少し触れたとおりに、深刻な医師不足に直面している産婦人科は少なくありません。

二〇〇五年から二〇一〇年までに出産の取り扱いを休止した病院が、全国で少なくとも二百七十ヵ所に上ることがわかっています（厚生労働省「医療施設調査［静態］」）。この数字は、出産を扱う病院がこの六年間で二割も減ったことを示しています。

診療休止は、地域医療の中核を担う総合病院にも及び、そのため近隣の病院に妊婦が集中して、勤務医の労働環境がさらに悪化する事態となっています。産科医が不足する背景には、勤務医の激務や訴訟リスクの高さなどがありますが、早急に手立てを講じないと、日本の産科医療現場が崩壊しかねない状況です。

厚生労働省では、こうした産科医不足に対応して、さまざまな施策を講じています。たとえば、当直や長時間勤務が常態化している苛酷《かこく》な勤務医の待遇を改善するため、多くの医師が自ら行なっている事務作業を補助する者の配置を進めています。さらに、正常産を含めた分娩をすべて産科医が担うべきものとするのではなく、分娩に関して専門知識を持つ助産師にもより活躍していただけるよう取り組んでいます。

また、分娩時の医療事故では、過失の有無の判断が困難な場合が多く、裁判で争われる傾向があります。それが、産科不足の原因の一つになっていますから、安心して産科医療を受けられる環境整備が必要です。

その一環として、二〇〇九年一月から、産科医療補償制度の運営が開始されました。これは、分娩にかかわる医療事故により障害などが生じた患者を救済し、紛争の早期解決を図るとともに、事故原因の分析を通じて産科医療の質を向上させることを目的としています。

この他にも、産科や小児科に多い女性医師に対する支援や医学部の定員増、救急医療の充実などさまざまな対策が進められており、厚労省全体で、地域の医療を確保すべく努力しました。

第三章　認知症の悲しみ

温泉旅行から帰ったあと、母は一時的に検査入院しましたが、大きな異常は見つからず、すぐに退院し老健に戻りました。十二月十九日のことです。

このころは母の体力も少しずつ衰え、認知症からくるさまざまな身体的障害も悪化して、家族の介護力を超えるようになっていました。そのため、介護の体制も老健が主、在宅が従という形に移っていったのです。

介護を必要とするお年寄り、そして家族の状況にもよりますが、私が母を介護した当時、介護保険の認定で要介護度が4や5になったお年寄りの場合は、在宅介護が困難になるのではないかと感じていました。

患者の状態に応じた施設を作れば

もし介護が必要な身になったとき、誰であれ、自分の住み慣れた家でケアを受けたいと思うでしょう。また、家族の感情としても、できれば親を施設に追いやりたくないと考えるのは当然です。

政府が介護保険制度を導入した（二〇〇〇年四月）のも在宅介護を進めるためですし、病気でもないのに、自宅に居場所がなかったり、さまざまな事情で家に居られないために、病院を老人ホームやホテル代わりに利用する社会的入院を減らすためでした。

そのことによって、当時、年間三十兆円という国民医療費（うち十一兆円が老人医療費）を少しでも削減することが期待されたのです。しかし当初から、事態は必ずしも厚生労働省の目論見《もくろみ》通りには進展していきませんでした。

ちなみに平成二十三（二〇一一）年度の後期高齢者医療費をみても、前年度比四・五パーセント増の約十三兆二千九百九十一億円であり、国民医療費に占める割合は三四・五パーセントとなっています。今後、急速な高齢化の進展に伴《ともな》い、一人当たりの医療費が高い高齢者が増えていくと、医療費の増大は避けられないと考えられています。

そもそも介護保険制度創設当初は、密度の高い医学的管理や治療を必要とする疾患の患者さんなどを医療療養病床の対象とし、それ以外の、医療を受けながら長期療養を行なう必要のある要介護者については介護療養病床の対象としていました。

しかしその後の実態調査で、患者さんの状態が安定しているため、医師の指示の変更がほとんど行なわれていない人が多数入院している事実がわかり、その実態は、医療療養病床と介護療養病床の双方に認められたのです。

こうした実態を踏まえ、平成十八（二〇〇六）年の医療構造改革において、患者の状態に応じた施設の適切な機能分担を推進するために療養病床を再編成したわけです。

具体的には、療養病床については医療の必要性が高い患者さんに限定し、医療保険で対応する。一方、医療の必要性の低い方々については、療養病床を老人保健施設などに転換してその受け皿とする方針をとりました。

在宅か施設か

在宅介護という問題に戻ると、確かに在宅は理想でしょうが、認知症の症状が悪化し、家族による介護が何年にもわたると、そうきれいごとばかりも言っていられなくなります。まずは、介護するうえで医師や看護師の力がますます必要になってきますし、サポートする側の家族も介護疲れで心身ともにボロボロになってしまうからです。

もちろん、在宅介護であっても、デイケアやショートステイ、ホームヘルパーを利用することはできます。しかし、あくまでも家族による介護が主であることに変わりはなく、そのことの重圧はことのほかに大きいのです。

今後、在宅介護を主とし、要介護になっても住み慣れた自宅での生活を無理なく継続していけるように地域包括ケアシステムを構築する必要があります。そのためにも、お年寄りと家族への細やかな施策を打ち出していくべきでしょう。

二〇〇六年四月からは、小規模多機能型居宅介護や夜間対応型訪問介護を、二〇一二年四月からは、定期巡回・随時対応型訪問介護看護や複合型サービスをそれぞれ創設するなど、とりわけ在宅の中重度のお年寄りについて、サービスの充実と生活支援の強化を図る取り組みを進めました。

また、在宅で常時の介護を受けることが困難な方のため、特養等の施設については引き続き施設の整備に努めているところで、その際、入所者の選定にあたっては、要介護状況などをしっかりと見定め、必要性が高い方から優先的に入所していただけるよう都道府県を通じ、市町村、関係団体等に周知を図りましたが、特養入居待ちは増え続けています。

私の経験では、家族の負担が過剰にならない限界は、要介護度3まではないかと思いますし、下《しも》の世話を二年以上もすると、介護する側が身体も気力も参ってしまうのではないでしょうか。また、認知症の症状が軽度で足腰がしっかりしていても、徘徊する癖があれば、その老人を見守る手間はたいへんです。

四六時中の見守りが必要な介護

私の母も、認知症の症状が出始めたころ、よく徘徊しました。あるときなど、長姉の家からスリッパを履《は》いたまま早朝に抜け出して、下の姉の家まで辿《たど》り着いたことがあります。

これは、徘徊というよりも、頭ごなしに母を怒鳴りつける長姉と同じ屋根の下に居るのが嫌になって、逃避しようとしたのかもしれませんが、早朝に寝間着のまま町中に出ていくのは、やはり尋常《じんじょう》ではありません。

結局は、夜の徘徊の際に玄関で転んで大怪我《けが》をしてしまい、集中治療室で治療する羽目になり、それが認知症の症状を一気に悪化させてしまったのです。

母の介護の過程で、多くの認知症老人と知り合いましたが、ある初老の女性には、その上品な容姿からは想像できないほど困った徘徊癖がありました。彼女は町内を歩き回る際に、木の実、草花などなんでも採って口に入れてしまうのです。もし、毒性の物なら命にかかわります。

家族にとっては気が気ではありません。そこで、四六時中の見守りが必要となります。幸い、この女性を預かってくれるグループホームがありましたから、家族は息をつくことができたのです。

この女性の場合、身体は自由に動きますので要介護度は1か2でしょうが、在宅介護などとても無理だと思います。介護保険の問題点は、このようなケース、つまり認知症に伴う症状を軽く認定しがちなことです。

徘徊する場合には、介護認定がたとえ1か2でも、介護認定が5で寝たきりの場合よりも、介護者にとっては、もっと辛いかもしれません。

　また、認知症を患うと火の始末ができなくなる老人がいます。私の母もそうでしたが、仏壇のローソクに灯《あかり》をともしたあと、マッチの火をどこにでも置いてしまうのです。危なくてしようがありません。火事などにならぬよう、マッチを母の手の届かない所に隠してしまわなければなりませんでした。

　亡くなる前の一年間は寝たきりで、手足が不自由となり、指もほとんど動かすことができませんでした。この状態ではマッチを擦《す》ることすらできませんから、かえって安全だったといえます。

　手が自由に使えれば、介護認定は軽くなります。しかし、その手で火事の原因を作るとなれば、これは由々《ゆゆ》しきことなのです。したがって、認知症に伴う症状を重く認定してほしいとつくづく思ったものです。

　この点の不備を是正するため、平成十五（二〇〇三）年四月には、要介護認定基準の見直しを行ない、運動機能の低下していない認知症高齢者に対する要介護認定の精度向上を図りました。

　この見直しにより、要介護認定に関しては、おおむね高い評価を得ているようですが、その後も認知症高齢者の適切な評価を含めたより精度の高い要介護認定の実施に腐心してきたつもりです。

施設介護を主に、家族介護は従に

このように、徘徊が激しいとか、火の始末ができないといった症状の場合、四六時中見守りが必要ですので、在宅で介護すると家族に重い負担がかかります。家族は介護で心身ともに疲労困憊《こんぱい》状態。母を介護していた当時、私はやはり、施設介護を中心に考える必要があるのではないだろうか、と考えていました。

一般的に要介護度が4とか5になると、「施設介護を主にして、家族介護は従にする」のが賢《かしこ》い選択だと思ったのです。

しかし、その肝心の施設が不足していたらどうでしょう。東京でも北九州市でも、特別養護老人ホームに入るのに数年は待たねばならないと言われました。数年もこのまま介護を続けなければならないお年寄りを抱えた家族にとって、これはあまりにも酷《こく》です。これでは、極論すれば、特養は存在しないのと同じです。

在宅介護と施設介護の関係は、自宅用の消火器と消防署の関係にたとえることができます。

自宅の台所で料理をしているとき、天ぷら油に引火して炎が上がったとします。そのとき、まずは消火器の出番です。しかし、それでも火が消えなければ一一九番に電話します。すると、すぐにプロの消防士が駆けつけて火を消してくれます。

だから、私たちは安心して生活できるのです。まさに、税金の払い甲斐があるというものです。在宅介護は小さな家庭用消火器、そして施設が消防署です。

家族による在宅介護で疲れ切ったら、施設でプロに任せるに越したことはありません。ところが、任せるべき施設がなかったら、どうでしょうか。

一一九番を呼び出しても、「数年待ってください」という答えしか返ってこなかったら、消防署の存在価値はなくなるでしょう。そのような消防署のために税金を払おうという人はいないと思います。老人施設の数をもっと増やし、その内容を充実させることが急務です。

施設の整備については、各自治体が地域住民のニーズを的確に把握したうえで、それぞれの地域の実情も踏まえながら、老人保健施設を含めた介護サービス基盤の整備を進めていますが、まだまだ改善の余地は多く残されていると感じています。

介護家族の悲劇とは

介護者にとっても、自分だけの時間を持つゆとりが大切です。同じ屋根の下で、常に介護が必要なお年寄りと介護に奮闘する家族が同居することは、双方に大きなストレスを生み、事故や悲劇すら招きかねません。

その典型といえる悲しい事故が、私が母を亡くした翌年（二〇〇一年）の二月十八日の夕方、東京の江戸川区で起こりました。百五キロの体重の息子（三十歳）が、四十五キロの父親（六十五歳）を踏みつけて殺し、逮捕されたのです。

少し事情を調べてみると、この息子の兄（三十二歳）は障害者で、父は心臓病に加えて認知症、そして母（五十五歳）は癌で病み上がりという状況。そして印刷会社に勤務する彼は、収入のほとんどを家に入れる評判の息子でした。一家の大黒柱として働きながら、両親の介護や看護、兄の面倒と、大奮闘していたそうです。

しかし最近は、父親の認知症の症状が進み、冷蔵庫のなかの物をなんでも取り出したり、醤油やソースをラッパ飲みしたりで困り果て、ストレスが溜《たま》りに溜っていたと言います。

夕方になって、その認知症の父親がこたつで寝ようとしたため、「こんな狭い所で寝られてはたまらん」と注意したところ、無視されたために彼は怒って父親を二回踏みつけたのです。その結果、悲劇が生じました。

報道番組では近所の人たちの、こんな声が聞かれました。

「父親は土建業をしているのですが、このご時世で仕事がうまくいかなくなり、仕事を探したが見つからず、それを苦にして去年蒸発したんです。見つかったときには認知症になっていて、仕事どころじゃなくなった。息子さんの負担は以前より大きくなっていました」

「家族は彼におんぶにだっこだったんです」

「彼は自分の人生を親に捧げてきたと言ってもいいでしょう。結婚はおろか恋愛もする暇がなかった。事件を起こしたのは悪いことだが、積もり積もったものが爆発したのではないか」

まさにやり切れない気持ちになります。介護で家族が犠牲《ぎせい》になる。そして、息子が父親を殺すという悲劇が生じる。「家族が親の介護をするのは日本の美風」などと言った政治家は、このような現実を知っているのでしょうか。殺人者になってしまったこの次男は、父親の入浴やトイレの面倒も見ていたそうです。

この父親は肉体的にはさほど衰えていないようですから、介護認定をすれば要介護度はせいぜい2か3だったでしょう。しかし、先述したように、身体が動くからこそなんでも口に入れるといった行動が可能で、これを見守る介護者はたまったものではありません。

在宅で介護するにしても、要介護度が低ければ、介護保険の枠内で使えるヘルパーによるサービスもかぎられています。この江戸川区のようなケースでは、父親を施設で介護することができれば悲劇は防げたと思います。

ところが、要介護度が低いと、預かってくれる施設はそんなに数多くありません。要介護者と介護者の状況に応じて、在宅介護と施設介護を、自由に組み合わせることができるようでなければならないと思います。しかし、わが国の現状は、施設の整備があまりにも遅れていました。

拙速に介護保険を導入しても、これでは、「保険あってサービスなし」という状況になってしまうでしょう。江戸川区のような悲しい事件は、もう二度とあってはならないのです。

後を絶たない在宅介護の不幸

この事件のあとも悲惨な出来事は続きました。

同月二十七日には千葉県松戸市で、帰宅したタクシー運転手（五十二歳）が、布団のなかで義母（八十二歳）が死んでいるのを発見します。遺体のそばには、この老女の長女で、運転手の妻（五十九歳）の手による「生きていることに、もう疲れました」という書き置きがありました。そこで警察が妻の行方を捜し、市内の路上で緊急逮捕したというのです。

殺された母親は四年前から認知症で寝たきり状態、娘のほうも持病のリューマチや神経痛に苦しみながらの介護で、心身ともにボロボロになってしまい、母を殺して自分も死のうと決意し、午前五時ごろ絞殺したそうです。

前日から食事をとらず、一睡もせずに考えたうえでの犯行で、どこで死のうかとうろついていたところを警察に発見されました。娘が母を殺す、これまた在宅介護が招いた悲劇です。

これら二つの悲劇と前後して起こった事件を、いくつか挙げてみましょう。

まず、埼玉県越谷市では、無職の妻（六十八歳）が無職の夫（六十八歳）の認知症が進行してきたことを悲観して、寝ていた夫を木製の蛙《かえる》の置き物で殴ったうえに、電気掃除機のコードで絞め殺しています。

愛媛県西条市では、自分も老衰で身体の自由がきかなくなった老女（九十二歳）が、交通事故で寝たきりになった長男（六十四歳）の頭を金槌《かなづち》で数回殴り、頭蓋骨陥没の重傷を負わせました。

さらに、静岡県三島市では無職の夫（六十一歳）が、重症の糖尿病で入退院を繰り返していた妻（五十七歳）に家事をやれと言った挙句に殴り、熱湯を浴びせて死なせています。

また神奈川県横浜市では、無職の長男（七十五歳）が深夜に徘徊する母親（九十五歳）の介護に疲れて、ベルトで首を絞めましたが、幸い一命はとりとめました。

とにかく枚挙《まいきょ》にいとまがありません。在宅で家族のみが介護し、介護地獄に陥る悲劇が、今日も日本列島のどこかで繰り返されているのです。

ちなみに、事件を起こす家族に無職というケースが多いのが気にかかります。定年退職後、仕事を持たず、家のなかで介護にのみ明け暮れていればストレスが溜るのは当然です。定年退職制度をやめて、いつまでも社会参加できる制度に変えたほうがよいと思います。介護という観点からしても、これまでの日本的経営は抜本的な見直しを迫られているのです。

二つあった母の城

一九九七年の十二月二十四日に、母が入所している老健でクリスマス・パーティーが催されました。これには母も出席して、スタッフたちの扮するサンタクロースと戯《たわむ》れるなど、仲間のお年寄りたちと心ゆくまで楽しんでいました。

クリスマスの後、師走で世間は大忙しのときでしたが、母のいる老健では、あたかも時間が止まったかのように、静かな年の瀬を迎えていたのです。施設暮らしでも、お正月は自宅で迎えたいというのがお年寄りたちの本音でしょう。私は大晦日に、母を愛用の福祉車両で迎えに行きました。

暮れの陽光が射し込む畳の部屋が母の城です。父の御霊《みたま》を祀った仏壇もありますので、母は心が落ち着くのでしょう。横になって足を伸ばし、すっかりリラックスします。こうして一九九八年の新年を自宅で迎え、お節《せち》料理に舌鼓《したつづみ》を打ちました。三が日《さんにち》を自宅でくつろいだあとは、老健に戻りましたが、そこもまたそこで自分のもう一つの居場所ですから、自宅とは別の意味でほっとするようです。

それから一年間というものは、老健を本拠地として、私が北九州市に帰るたびに自宅に戻るという生活が続きました。私はほぼ毎週帰っていましたので、月に四、五回は自宅と老健とを往復したことになります。

ただ、老人保健施設というのは、リハビリを施して家庭に復帰させるための施設と定義されており、入所しているお年寄りの病状や身体の状況に照らし、退所できるかどうかについて三ヵ月ごとに検討しなければならないことになっています。しかし、実際には老健は特別養護老人ホームの代役を果たしている場合もあるのです。

認知症が進み、次第に衰えていくお年寄りが、お役人が考えたような理想的な形で健康を回復できるわけがありません。

私の母は、辛いリハビリにも耐えていましたが、身体機能の回復にも限度があります。ですから、三ヵ月で退所することなどできるわけがないのです。

ところが、母は数ヵ月ごとに血を吐いたり、高熱を出したりしたために、そのたびに老健を去って治療のために病院に入ることになりました。こうして皮肉なことに、三ヵ月以内に老健と病院を往復する結果になりました。

この三ヵ月を目安とした検討により、せっかく施設に慣れてリハビリの効果が上がり始めたところで退所することとなる場合もあり、そのため、別の施設に移された老人は、新しい環境に適応するために精力を使い果たしてしまい、リハビリで回復していた心身の状態がまた後退する——。

こうして老人の認知症状を悪化させ、結局は日本全体の介護や医療の費用を押し上げていきました。

その結果、私が母を看取った二〇〇〇年当時、一年間の国民医療費が三十兆円、うち、老人医療費が十一兆円という事態になっていたのです。

この金額がいかに大きいかは、日本の国家予算と比べてみればよくわかります。一年間の国家予算が当時八十兆円余りですから、その三分の一に相当する金額が医療費に使われていたことになります。

また、消費税一パーセントで国庫には二兆五千億円が入りますので、もし、仮に老人医療費を半減できれば、二パーセント分消費税が少なくて済みます。「木を見て森を見ない」ような政策は、結局は国民の活力を奪うことにつながるのです。

質の高いリハビリテーションとは

母は数ヵ月ごとに吐血して、急遽病院に移されるというケースがよくありましたが、入院し検査して呼吸器や消化器で異常が見つかった部分の治療を受けて病を癒しますと、また日常の生活に戻ることができました。

とはいえ、もちろん認知症が治ったわけではないので、認知症に伴う生活障害、専門的な言葉で言えば、ＡＤＬ（Activities of Daily Living）の低下は避けようがなく、当然に介護の必要性は高まっていきました。

また、のちに移っていった老健では、初めて入所した施設と違って、所長がしっかりとした哲学や信念を持っていましたので、快適な居住空間を整備していました。さらに、ＰＴ（理学療法士）やＯＴ（作業療法士）によるリハビリも充実させていました。

したがって母は、この施設では、自宅にいるのと同じような心地よい生活を送ることができたのです。

老人保健施設におけるリハビリテーションについては、平成十八（二〇〇六）年四月の介護報酬改定において、質の高いリハビリを提供する観点から、リハビリを担う多職種が協働して、個別の計画の作成等の一連のプロセスを実施することへの評価や、個別かつ短期集中的にリハビリテーションを行なうことへの評価を創設しました。その後も、個々の利用者の心身の状況を見据えたリハビリテーションの充実に向けた介護報酬改定が行なわれています。

ところで、母の体力の低下は長時間のリハビリを次第に困難にしていきましたが、春にはお花見、八月には夏祭り、九月十五日は敬老の日のお祝い、十月には運動会、と季節ごとに催しものが開かれ、母は喜んでそれらに参加しました。そのような機会に撮った記念のスナップ写真には、満面の笑みをたたえた母の姿があります。

運動会には私も参加して綱引き合戦に興じましたが、私が参加したほうのチームは力負けして、相手陣営に引っ張られていき完敗してしまいました。そのときは、母も悔しくてたまらなかったのか、顔をくしゃくしゃにして無念さを全身で表わしました。

認知症のお年寄りは、新しい事柄は記憶できなくても、昔のことはよく覚えています。母もまた、私が小学生のころの運動会の記憶をたぐり寄せて、眼前に広がる光景と二重写しにさせていたのかもしれません。

私は子供のころ、足が速くて陸上競技部に所属していました。ですから、運動会の駆けっこは得意中の得意でした。息子の私が運動会で負けるというのは、母にとっては、よほど屈辱的でショックだったのでしょう。あるいは、認知症を患うと感情の起伏《きふく》が激しくなるのでしょうか。

いずれにしても、認知症の老人といえども豊かな感情表現をしますし、家族や周りの人たちとも喜怒哀楽を分かち合うことができるのです。認知症だからといって、何もわからないものと決めてかかるのは禁物です。

人権や意思を無視した制度

ところで、認知症のお年寄りの財産管理をどうするかという問題は、心身の介護と並んで大きな社会問題となっています。そのため現在では成年後見《せいねんこうけん》制度が法制化されましたが、母が認知症に罹ったときにはそのような制度はありませんでした。

ですから、私は福岡家庭裁判所に母の禁治産《きんちさん》宣告を求め、それが認められて、私が後見人になりました。法律用語では「後見人に就職した」と言いますが、それは一九九八年二月十日のことです。

認知症の老人は、自分で判断する能力がありませんので、誰かが財産管理などの重要な件については代行しなくてはなりません。禁治産や準禁治産という制度は、そのようなときに活用できたのです。

しかし、「禁治産」という言葉は「禁」という文字を含んでおり、あまり感じのよいものではありません。禁治産者になると、そのことが戸籍に明記されますが、世の中から隔絶されてしまったような悲しい印象を与えます。

禁治産者は選挙権もなくなりますし、契約を交わすこともできません。およそ一切の社会的責任能力を失ってしまうのです。

そこで、一気にそこまでいかずに、軽い認知症くらいのときは、ある程度の社会的行為を許してもよいのではないか、そして「禁」という文字を使わないようにしようではないかということで、一九九九年十二月、民法を改正するなどして成年後見制度が導入されました。

この制度が作られるまでの経緯を、もう一度簡単に振り返ってみましょう。

日本でも、一九九〇年代に入ると高齢者の財産管理をめぐる問題が注目を浴びるようになりました。認知症老人の数が増えるにつれて、この問題の深刻さが浮き彫りとなり、それに対処するための制度作りが急務の課題となりました。

万が一のとき、誰が自分の財産を管理してくれるのか気になるところでありますし、また、認知症の親の財産をどう管理していくかという問題が、きょうだいの間でももめごとの種となりかねません。

成年後見制度が導入される前は、この問題については、禁治産、準禁治産という制度しかありませんでした。これは明治三十一（一八九八）年に施行された民法に規定された制度ですが、心神喪失《そうしつ》者が家庭裁判所から禁治産の宣告を受けると、自分の財産を裁判所が指定する後見人に委《ゆだ》ねることになり、自ら財産を処分することができなくなります。

禁治産者の保護が目的の制度とはいえ、これでは禁治産者本人の人権や意思は無視されてしまいます。戸籍に禁治産者である旨《むね》が記述され、能力がないというように社会的な偏見の目にさらされてしまうからです。

そもそも高齢者の認知症が、禁治産宣告の「心神喪失」（準禁治産の場合は「心神耗《こう》弱《じゃく》」）に相当するかどうかを判定するのはたいへん困難です。また、これらの用語も問題で、「禁」という文字は抑圧的、強圧的であり、人権無視の印象を与えます。

禁治産宣告の公示方法は、家庭裁判所で掲示し、官報に掲載し、戸籍に記載するものですが、この方法も人権を配慮したものとは言えません。しかも、高齢者を禁治産者にしてしまえば、後見人がその財産を処分できるため、相続人や縁故者の間で財産を狙った対立から、「老人の奪い合い」が起こってしまうのです。

そこで、こうした問題のある制度に代えて、成年後見制度の導入が検討されたのです。この制度の趣旨は、単に対象者を保護するのみならず、対象者の「自己決定の尊重」、そして「残存能力の活用」を考慮するということにあります。

つまり、要保護人からあらゆる社会的能力を奪うのではなく、日常生活に必要な買い物など最小限の行為は本人が行なうことができるようにしようというのです。

二〇〇〇年四月から介護保険制度が導入されましたが、それと前後して実施に移されたこの成年後見制度にも、もっと関心を払うべきでしょう。介護保険と成年後見制度は車の両輪のようなもので、二つそろって初めて介護制度は前に進むのです。

老人の奪い合いになる財産管理

私の場合は、母の介護をめぐって長姉と意見が対立しましたので、自分が最善と考える介護を行なうために家裁に母の禁治産宣告を申し立てました。一九九七年八月のことです。裁判所によって母に禁治産が宣告され、私が後見人に専任されました。翌年の二月です。じつに六ヵ月もの月日が必要でした。

では、なぜこんなにも時間がかかるのでしょうか。それは、母の子供、つまり私のきょうだい全員の意向を確かめなければなりませんし、それに母が認知症で、「心神喪失の常況」にあることを証明せねばならないからです。

裁判所から選任された医者は、本来の自分の仕事に多忙で、すぐには動けません。しかも、自分の診療時間を割かなければならないからか、鑑定料は十万円程度になることもあります。普通は、診断書は三千円くらいのものでしょうから、これまた非常識と言えるでしょう。

かくも多額のカネを出しても禁治産の申し立てをしようという者は、親の介護ではなく、親の財産が目的の場合も少なくありません。何千万円もの財産が転がり込んでくる見込みが立つならば、親を禁治産者にして自分が後見人になろうとする子供が出てきても不思議ではありません。現に、最高裁の調べによると、禁治産申し立ての六割以上が「財産管理」「遺産分割」といった財産絡みのものなのです。

このような状態を改善するために、成年後見制度が作られたのですが、その具体的内容を見てみましょう。

まず、禁治産・準禁治産に代わって、(一)後見、(二)保佐《ほさ》、(三)補助の三つの分類が取り入れられました。
(一)が禁治産、(二)が準禁治産に相当しますが、(三)は新設で、心神耗弱にまで至らないのですが、判断能力が不十分という人を対象とするものです。
そして、審判によって、補助人に取り消し権・代理権を付与することができます。また、戸籍に記載することは廃止され、それに代わって登記して公示する成年後見登記制度が新設されました。その他、判断能力が衰える前に後見人を自ら選択しておく「任意後見制度」も導入されました。

この成年後見制度は、介護保険制度ほどにはまだ一般に知られていませんが、介護地獄を解消するための一つの方法としてもっと活用されるべきでしょう。また、この制度をもっとよいものにするために、今後とも改善の努力を怠ってはならないと思います。

その際に必要なのは、広く介護の現場の意見を聴き、できるだけ多くの具体的なケースを参考資料として活用することだと思います。

一千万円足らずで故郷を売る

私が母の介護を始めたときには、成年後見制度がまだ整備されていなかったので、禁治産という手を使うしかありませんでした。

母をどのように介護するかについては、前述のとおり、私は長姉と激しく対立しました。彼女は「認知症は家族の恥だ」という考えで自縄自縛《じじょうじばく》となり、世間体ばかり気にしましたが、私にとっては母の命のほうがはるかに大切だったのです。

少しでもまともな介護を、できれば在宅で受けさせたい、また十分なリハビリを施したい、そういう思いを実行するためには、長姉の妨害を排除する必要があります。暴力沙汰にまでなった争いを終結させるには、法に訴えるしか手はありません。

家庭裁判所に申し立てをして、正式に母の後見人となれば、法律で私の立場が保護されることになります。まさに、切羽《せっぱ》詰まって取った選択肢だったのです。

しかし、母を禁治産にし、自分が後見人になったのは、単に母の介護をめぐる長姉との争いに決着をつけるためだけではなく、母の財産を守るためにも大いに役に立ちました。法律の支持があるというのはじつにありがたいことで、これこそが先進民主主義の真髄《しんずい》だと思います。「暴力による支配」から「法による支配」へというのが、人類の進歩なのです。

自由な民主主義国家・日本で、私が切羽詰まって取った選択肢は、法の力によって母を守るという道でした。学生時代に勉強していたころは、難解な法律書を試験にパスするためにだけ読んでいたような記憶がありますが、そのころに身につけた知識が、母の介護絡みで強い味方になるとは思いも寄らなかったことです。

ところで、母の収入といえば毎月三万円ほどの老齢年金のみでした。資産といっても、父の残した猫の額《ひたい》ほどの土地があるだけです。上モノの建物は取り壊してありました。この土地が残っていれば、必ず長姉との間で相続をめぐる醜い争いが起こる、そう考えた私は、この土地を売却処分することに決めました。これこそ裁判所に指定された後見人の特権です。

じつは、私はこの土地で生まれ、高校生までそこに住んでいました。思い出がびっしりと詰まっています。この土地の上に立つと、子供のころのことが蘇《よみがえ》ります。

夏になると、家の前の川でオタマジャクシやメダカを追ったこと、七夕には大きな竹を採ってきて飾り付けをし、朝の露を集めて墨をすり、短冊に小さな願いを込めたこと、母と丹誠込めて育てた朝顔が赤、白、青、紫など競って咲き誇るのを、毎朝二人で眺めたことなどが、昨日のことのように頭に浮かんできます。

また、亀や鳩を飼っていたのも、この家の庭です。母が作ってくれる夜食のラーメンをすすりながら、掘っ立て小屋のような勉強部屋で、深夜まで受験勉強に勤《いそ》しんだのもこの土地です。

それだけに自分の生家には愛着があり、その土地を他人に売ってしまうのは本当に寂しいものでした。しかし、介護をめぐって家族が崩壊し、筆舌に尽くしがたい思いをしてきましたので、わずかばかりの土地をめぐって、またもや争いが生じるのはなんとしても避けたかったのです。

自分を育てた家や土地すら捨てたくなる、それが介護地獄というもの。その辛さは経験した者でなければわからないでしょう。一九九八年七月二十一日、母が私を生み、育てた土地は、一千万円にも満たない価格で他人の手に渡りました。

ところで、後見人は禁治産者の生活や財産の管理をしなければなりませんが、その結果について家庭裁判所に報告する義務があります。

ですから、土地の売却についても、生活費の支出についても、財産管理状況を定期的に家庭裁判所に報告し、点検を受けていました。こうして、裁判所のお墨付きをもらったうえで土地を現金に換え、それを介護の費用に充《あ》てたのです。

母は果物が好きで、特に葡萄《ぶどう》、それも巨峰やマスカットが大好物だったので、どんなに季節はずれで高価でも、欲しいと言えば、すぐに入手することにしました。母の土地の売却代金ですから、母がどう使おうと自由です。

自分のお金を介護費用に充てるのですから、母は「お金の面では、お前たちの世話にはなってないよ」と、私たち子供の前で胸を張ることができます。とにかく母のお金なのです。

母の心が少しでも豊かになるように、そしておしゃれをすることによって認知症の進行が止まるようにと、季節が変わるたびに、こぎれいなスーツやブラウスやセーターも買って、母におめかしさせた日もありました。

母のために空輸されたマスカット

また、母の好きだった葡萄については面白い話があります。それは母が亡くなってから、母との思い出を、黒柳徹子さんの「徹子の部屋」というテレビ番組で語ったときのこと。二〇〇一年二月十三日に収録して、二十一日に放映されました。

好物のマスカットに思わず笑みがこぼれる

この番組は当時ですら二十五年にもなる長寿番組で、数多くの方がご覧になっています。この番組への出演は二回目ですが、その七年前に出たときには母もまだ元気でした。二度目に出演するに当たって、番組責任者から、スタジオのテーブルの上に何か母にゆかりのある花か果物を置きたいが、母の好物だったマスカットではどうかという話がありました。

もちろん大賛成です。ところが、ここで問題が発生。テレビ局は、日本国中マスカットを探して走り回りましたが、なにせ寒い二月のこと。どこにも見当たりません。結局は、イタリアから取り寄せることになりました。こうして、空輪で届いたみごとなマスカットが、緑色のオーラを放ちながらテーブルの真んなかに鎮座《ちんざ》し、番組を引き立ててくれたのです。

しかし、輸送費まで考えると、このマスカットはいったい一粒当たり、いくらについたのでしょう。番組のご厚意で、このマスカットは放送収録後、頂いて帰り、母の仏前にお供えしました。大好物のマスカットを前にして、母の写真も嬉しそうに笑っているようでした。

そうしているうちに、季節はずれの果物にしろ、流行の衣類にしろ、母の希望を叶える形で、「みごとに」母のお金は使い果たしてしまいました。赤字になってからは、息子の私が介護費用を補塡《ほてん》していきましたが、とにかく母は遺産がゼロとなりました。万歳三唱です。これで目的を達しました。相続争いなど起こりようがありません。

私とともに、母の介護に携わった二人の姉には、

「あんたらには、母ちゃんの金は一文もいかんよ。金など手に入ったらろくなことはないからね」

と言い渡してありましたが、もちろん彼女らも納得したうえでのことです。

後見人として、私の選択は間違ってはいなかったと思います。「子孫に美田を残さず」、これが死後の争いを避ける最良の方法です。美田を残したいのなら、判断能力のあるうちに、ちゃんと遺言を書いておくべきでしょう。

「徹子の部屋」後日談

ところで、「徹子の部屋」に出演した際に、介護者を悩ませている「おむつ使用証明書」を廃止してもらえないかと、番組を通じて当時の坂口力《さかぐちちから》厚生労働大臣に訴えました。これまで、雑誌などで何度も同じような訴えをしましたが、歴代の大臣も役人もまったく梨《なし》の礫《つぶて》でした。

ですから、思い切ってテレビで大臣に対して問題提起をしたのですが、驚くような回答がテレビ朝日に寄せられました。おそらくは、役人が勝手に作文したものでしょう。お役所的な、人を小馬鹿にした文章です。

そこで私は、四月三日付の『産経新聞』の「正論」欄に、「坂口厚生労働大臣に問う——これで国民の健康と安全を守れるのか」という一文を寄稿しました。以下にその全文を掲載しますが、介護をめぐる行政との戦いが、いかに骨の折れるものかが見て取れると思います。

——〈なぜ「おむつ使用証明書」〉介護保険が導入されて一年が経つ。新しい制度には試行錯誤がつきものであるが、厚生労働省は、利用者から提起された問題には真摯に対応し、よりよい制度に改善していくことが肝要である。その際の基本的姿勢は、利用者である国民の視点でものを考える、現場の市町村の自主性を尊重する、介護する側の状況も勘案し、介護地獄から家族を解放するといったものでなくてはならないだろう。

しかし、そのようなことを期待するのは、ほぼ絶望的なような気がする。それは、これから紹介するエピソードが象徴的に示しているような、この役所の体質があるからである。私の母は昨年九月に他界したが、それまでの五年間、北九州市に住む認知症の母を東京から通って介護してきた。その過程で、行政の厚い壁とも格闘せざるをえなかったが、そのときに感じたことを、『母に襁褓をあてるとき』という本に記しておいた。その一つが、「おむつ使用証明書」の話である。

これは、確定申告の際におむつ代が医療費控除の対象になるが、その控除を受けるには医師の手になる「おむつ使用証明書」を添付する必要があるということである。おむつ代金の領収書は、施設であれ、薬局であれ、スーパーであれ発行してくれるが、なぜそれに加えて「おむつ使用証明書」が要るのか納得がいかない。

〈誠意が感じられない回答〉　そもそも、不要なのに、おむつを買う人間がどこにいるのか。そんな不正までして、わずかばかりの税金を取り戻そうという人間がいるのか。介護に追われている家族に、そんな証明書を準備させることの愚を気づかないのか。このような疑問を呈したが、なんの反応も厚生省（当時の名称）からなかったので、二月二十一日にテレビ朝日の番組「徹子の部屋」に出演したときに、同じ問いを繰り返し、坂口厚生労働大臣に回答を求めたのである。

すると、三月六日付で、大臣から番組宛に回答が寄せられた。これまで何度問題提起しても梨の礫だったのだから、まずは回答があっただけ感謝すべきだろう。しかし、第一に私の姓は「舛添」であって、回答書に書いてある「桝添」ではない。相手の名前も正確に書かないで誠意ある回答と言えるのか。それとも、厚生労働省は、「舛」の字の含まれたパソコンのソフトすら持たない博物館的官庁なのか。

次に、その中身がいただけない。回答は二点あって、第一に施設介護の場合で、介護保険実施に伴って、おむつ代が保険給付に含まれるようになったので、医療費控除申請が不要になったことを述べている。これは当然の事実を書いたのみである。第二が在宅の場合で、「今まで通り医師の使用診断書を添えて提出して頂くことになっております。おむつの使用が治療上必要であるかどうかの判断を行うことが求められ、税務当局との協議により、どうしても提出をお願いしなければなりません。簡単な一枚の証明書ですから、遠隔地にお住まいの場合には、面倒でも施設や病院に郵送でお願いして頂ければ幸いです」とある。

要するに、厚生労働省は財務省には楯突けない官庁ということか。税務当局は、税収の上がる方法、つまり一円でも税金をまけてあげない方法を懸命に考えるのが仕事である。しかし、厚生労働省は国民の健康と安全のために、それと闘うべきではないのか。証明書を申請する家族の手間やそれを書かねばならない医師の手間を省き、介護に全力をあげることのできるような環境にするのが、厚生労働省の仕事ではないのか。

〈「福祉政党」の真価発揮を〉厚生労働省という、ITでも遅れ、財務省との闘いでも非力な三流官庁に、私たちは命を預けてよいものだろうか。

私が坂口大臣に大きな期待を寄せたのは、彼が医師であり、しかも「福祉の政党」を標榜する公明党の閣僚だからである。公明党は、ホームページで、「『福祉なんかを唱えるのはシロウトの党、福祉は政治ではない』との既成政党の批判や冷笑をものともせず、全党のエネルギーを傾注して『市（区）民相談』などでくみ上げた国民の要求を次々と実現していきました」と誇っている。番組への回答書は大臣名で出されている以上、全責任は坂口氏にある。「福祉の政党」という看板を掲げる以上、今こそ公明党は真価を発揮し、政権党の責任を果たしてもらいたいものである。

かなり痛烈な批判になっていますが、これくらい言わないと、役人も政治家も動かないと考えたからです。坂口力元厚労相は誠実な方で、この私の「正論」の論文が出たあと、対談する機会を作ってくれました。

その場で、同じ訴えを繰り返したところ、税制上で「介護控除」の制度を新設する案を提示されました。介護地獄に苦しむ多くの人たちにとっては、そのような前向きの制度で問題が解決できればと思います。

ちなみに、この「おむつ使用証明書」は平成十四（二〇〇二）年に制度を改善していきます。

おむつ代の医療費控除を受けるのが二年目以降である場合には、主治医意見書の写し（または市町村が介護保険法に基づく要介護認定に係る主治医意見書を確認した旨の書類）およびおむつ代の領収書を添付すれば、おむつ使用証明書を添付しなくても医療費控除を受けられるようにしました。

認知症の母はもうこの世にはいませんが、この新聞に寄稿したときと同様、これからも私は行政の長の立場から介護や福祉の問題で闘い続ける決意です。

第四章　親子で戦った都知事選挙

今になって振り返ってみますと、一九九八年は、それまでの波乱の介護の日々に比べれば、比較的に平穏な一年でした。

十月にも十一月にも、私が北九州市に帰るたびに母は老健から自宅に戻り、畳の間でくつろぎ、また、家族手作りの食事に舌鼓を打ちました。

母の部屋は、南向きで日当たりがよく、秋の柔らかな日射しは部屋の奥深くまで入ってきます。朝晩は肌寒く感じるようになっていましたが、昼間は陽光のおかげで暖房も要らず、ふんわりした布団の上で横になっている母は、ゆく秋を惜しんでいるかのようでした。

人生最後のやすらぎの日々

母は秋が好きでした。それは実りの季節だからです。農家の娘に生まれた者として当然かもしれません。春の苗代作りから始まって、田植え、そして草取りと手塩にかけて育てた稲が実るとき、収穫の喜びは何物にも代えがたいものがあると思います。

私が幼いころ、季節が変わるたびに母は私の手を引いて、田舎の生家に行ったものです。生きとし生けるものが息吹を始める春、ピンクのカーペットのようなレンゲ畑に胸をときめかせながら畦道《あぜみち》を進んだことをよく覚えています。

また納屋の柱に繋《つな》がれている山羊の口におそるおそる草を差し出したのも、都会ではできない動物との触れ合いでした。

夏には、水田から聞こえてくる蛙《かえる》の合唱を聞きながら、母が夕餉《ゆうげ》の準備に走り回っていたことを思い出します。準備するのは家族の夕飯だけではありません。農耕用の牛や馬に、とぎ汁に浸した飼い葉を与えるのをかたわらで眺めていたものです。

その光景は小さな私にとって、巨大な恐竜がとてつもなく大量の藁《わら》を食らっているようにしか見えなかったことを、今でも覚えています。

そして秋には、穫《と》れたての新米を炊き、鶏《にわとり》を一羽つぶして水炊きやお煮染めにし、自然の恵みに感謝したものです。庭に出れば、柿の木が枝もたわわに実をつけています。そして、近くの神社からは、村の鎮守《ちんじゅ》のお祭りの笛や太鼓の音が響いてきます。

このような日本の原風景が各地からなくなって久しいように思います。寂しいかぎりです。今でも、旅先で豊かに実った柿の木を見つけると、母に連れて行ってもらった里の秋を思い出します。

鶏肉も、庭先を走り回っていた鶏ですから、ブロイラーとは味が違います。ごぼう、蓮《れん》根《こん》、里芋、人参などの野菜と鶏肉とを煮込んだお煮染めの味は格別ですし、大きな鍋に皆で箸《はし》を伸ばす水炊きは最高の家族団欒《だんらん》を演出します。

今日のように物が溢《あふ》れ、食生活も豊かになりますと、お煮染めや水炊きなど見向きもされませんが、私の子供のころには、まさにご馳走で、今でも無性にこの「おふくろの味」を食べたくなることがあります。

鉄の都、大都会の八幡でも、母はよくこのメニューを作りましたが、祖母から母へ、母から娘へと受け継がれていく味は、家族の歴史そのものでもあると思います。

ファストフードやコンビニ弁当の普及は便利ではありますが、家族の歴史が刻まれないところが最大の問題でしょう。

母の影響か、私も秋が好きです。母も私も果物が大好物です。母の作った栗ご飯を食べたあと、お茶を飲みながら、柿、林檎《りんご》、梨など秋の味覚を頬張るときのくつろいだ雰囲気は、一日の疲れを癒すものでした。この母の大切な遺産を、これからもわが家では大切に引き継いでいきたいと思います。

秋になれば暑気も去り、過ごしやすく、空も高く感じられます。スポーツにいそしんだ私にとって、秋は競技会に出たり、身体を動かす機会の多い季節です。

また、勉強するにもよい環境になります。早めに夕食を済ませて、長い夜を書物の世界に遊ぶことの贅沢《ぜいたく》は何物にも代えがたい喜びと言えます。

夜が更け、空気が冷えてくると身震いするほどです。しかしその緊張感が、また勇気を奮い立たせます。冬に向かっていく秋という季節があるからこそ、生活を勤勉に律していくことの大切さを忘れずに暮らしていけるのではないでしょうか。

闘いの前夜

この年の秋、母が足繁《しげ》く自宅に戻り、家族と一緒の時間を過ごしたことも、今にして思えば、死との熾烈《しれつ》な闘いを前にした人生最後のやすらぎの日々だったのでしょう。十一月も半ばを過ぎ、寒さが増してくると母の体調にも変化が見えてきました。

十一月二十六日に母は食べた物を吐き、熱も出てきましたので、急遽《きゅうきょ》、かかりつけの病院に入院しました。この入院は二週間続きますが、このときもまた、姉も私も、いつものように軽い不調にすぎないと思っていました。

母は入院したものの、お世話になっている老健の行事が目前に迫っていました。秋の定例の祭りは十一月二十九日に予定されており、その際に私は、入所している老人やその家族、そして施設のスタッフに対して介護保険について講演することになっていたのです。

母が一緒にいないのは残念でしたが、この日には、皆が一堂に会してさまざまな悩みを共有し、解決策を模索しました。たまたまこの日は私の五十歳の誕生日でしたが、私は講演のなかで、地域社会の連帯が不可欠であること、そして社会的セーフティネットの構築を急がねばならないことを力説しました。

介護の問題は、すぐれて地域の問題であり、北九州市で困っている家族にすぐ手を差し伸べることができるのは、東京の人でも大阪の人でもありません。地元の人にしかできないのです。ですから、介護こそ地方分権の典型的な課題なのです。

したがって、地域の医療・社会福祉関係者、家族、行政がチームワークを良くして、この国民的課題に対応するしか他に手はありません。母のいた老健もまた、そのような活動の拠点になろうとしていました。

日本全国の良心的な施設で、介護保険制度に的確に対応するため、このような真剣な取り組みが行なわれています。その努力を徒労に終わらせないことこそ、厚生労働省の仕事だと思います。

私はこの当時から、介護の問題を担当する以上は、お役人も介護の現場に足を踏み入れ、体験から得た知恵を生かしてもらいたいものだ、と強く思っていました。権力を持つだけに、机上の空論を振りかざされては、何百万人にものぼる要介護者と家族はたまったものじではないからです。

私が五十歳、半世紀生きてきたとき、母は八十四歳九ヵ月でした。日本女性の平均寿命を超えてなお生き続けることができるというのは、たとえ認知症を患おうとも素晴らしいことではないでしょうか。

母は若いころから働き詰めで身体を酷使《こくし》してきましたので、とても長生きはできないだろうと心配していましたが、結局は兄弟姉妹のなかで、最も長生きをしたのです。母は六人きょうだいの下から二番目でしたが、妹のほうが先に亡くなっています。

日本の貧弱な病院体制の限界

ところで母は、病院の検査の結果、異常が見つかりませんでしたので、十二月九日にいったん退院しました。しかし、どうも体調が悪く、まったく食事を受け付けなくなってしまいました。

口から栄養が摂取できないのなら、点滴か経管栄養に頼るしか方法がありません。また病院に逆戻りです。十二月十一日に再入院することとなりました。じつは数ヵ月前から、母は嚥下障害、つまり飲食した物を飲み下すことが難しくなっていたのです。これは、物を飲み込むための筋肉が衰えたことなどが原因で起こる症状です。

喉には食道と気管の二つの管が通っていますが、通常は、用途に応じてこの二つの管を使い分けることができます。しかし、脳からの信号がうまく伝達しなくなったり、信号は伝わっても思い通りに筋肉が働かない場合、食べ物が気管のほうに入ってしまうことがあります。

食べ物にはさまざまな細菌が付着していますから、それが気管を通じて肺に入れば、肺炎を起こしてしまう危険性があります。こうして起こる肺炎を、嚥下障害による誤嚥《ごえん》性の肺炎と呼びます。

母は、まさにこの肺炎にかかったのです。再入院した病院では食事が喉を通らず、呼吸も荒くなって酸素吸入を受けねばならなくなりました。

日本ではどこの病院でもそうですが、人手不足がはなはだしく、看護師さんは走り回っています。一人一人の入院患者に十分な注意を払う暇などありません。患者やその家族からすれば、このような現状には不満ですが、どうしようもありません。医療や福祉については、日本はとても先進国とは言えません。

母の症状が思わしくないので、終始注視しておいたほうがよいと考えましたが、姉も私も仕事を持っていますので、時間的に不可能です。結局、ホームヘルパーを頼んで、母の食事の介助、酸素吸入や点滴のチェックをしてもらいました。

もちろんヘルパーにかかった費用は、私たちが負担せざるをえません。当時の日本の介護は、手間も費用も家族の犠牲のうえに成り立っていました。これでは、介護地獄になるのは当然です。

四六時中注視が必要だということは、母が深刻な状態に陥ったことを意味します。一年前の年末とは様変わりで、正月どころではなくなってしまいました。一九九九年が明けて、松の内も母の看病にかかりきりで、お節料理どころではありません。

一月十日には、母は風邪まで引いて熱を出してしまいました。母のように他者の介助がなければ食事ができない老人の場合、口からお茶をこぼしたりして着ている衣服を濡らしてしまいます。水分が下着にまで浸みていると、それが風邪の原因にもなるのです。

そこで、頻繁に肌着を取り替えてあげなくてはなりません。しかし、今の日本の貧弱な病院体制では、とてもそこまでの人手はないのです。私たち家族がそばに居るときには、なんとか注意して母に不快な思いをさせずに済みましたが、病院のスタッフに苦情を言うのは、さすがに気が引けました。

葬儀の準備は長姉を除いて

ともかく、発熱した母の病状について医者の話を聞いても、どうやら死期が近いと判断せざるをえませんでした。悲しいことですが、このどうしても避けては通れない、母の死の準備に取りかからざるをえなくなりました。まずは、さしあたっては葬儀社です。

さんざん考えた末に、母の郷里の鞍手町《くらてまち》にある葬儀社に来てもらいました。それは北九州市から少し離れている分だけ、秘密の保持が容易であると考えたからです。地元の葬儀社だと、すぐに話が皆に伝わってしまいます。

母の介護をめぐって、すでにわが家は家族が崩壊してしまっていました。そのうえに、葬儀の場でまで長姉と争う愚は絶対に避けねばならないと考えたのです。

母が倒れた直後、介護方針をめぐって姉弟で意見が分かれたとき、葬儀についてまで、「自分が好きなように取り仕切る、他のきょうだいには線香一本上げさせない」と啖呵《たんか》を切った長姉のこと。とにかく、彼女は母の命を存《なが》らえさせるどころか、平気で縮めて恥じない行為に及んだのです。

私は、このことを絶対に許せないと思いました。だから姉・弟の縁も切りましたし、彼女を母の娘だとは認めたくなかったのです。そして、母の死も知らせないし、葬儀に出ることも許さないという方針を固めました。

私が喪主を務める母の葬儀に長姉夫婦が来るにしても、彼らが荘厳な儀式の場でどのような狼藉《ろうぜき》を働くか知れたものではありません。

どのような感情のもつれも時間が解決すると言いますが、母が生きているかぎり時間は止まったままだと確信していました。解決すべき時間が時を刻み始めるのは、母を葬送してからのことだと判断したのです。

この私の非情さ、冷酷さを非難する人がいるのは承知していますが、所詮《しょせん》は介護地獄の現場を知らない人たちの勝手な意見だと聞き流しています。

その類《たぐい》の「賢者」には、「肉親が認知症に罹って、実際に介護をしてみるとわかるのにな あ」と皮肉の一つも言いたくなりますが、他人の痛みのわからない人の相手をするだけ、時間の無駄です。「優雅なる無視」をするにかぎります。

長姉に罵声《ばせい》を浴びせかけられて母の血圧は二〇〇近くまで上がり、生死の境をさまよいました。その光景を目撃していれば、「賢人」ぶった皮相的な感想など述べられるはずはありません。

この世で一人しかいない母をそのような目に遭わせた人間は、たとえ血を分けた姉といえども、私の目の黒いうちは許すことはないでしょう。

長姉が母の命よりも世間体を優先させて吐いた言葉は、すべて彼女自身に降りかかってくると思います。それはそれで自業自得なのですが、問題は、この長姉夫婦が、また暴力を振るって、八幡での葬儀をぶち壊しに来る可能性があることでした。

だから、葬儀の準備にも余計な配慮が必要になってきたのです。暴力から身を守るために、警備の手配までせねばならないのですから、本当に困ったものでした。

とまれ、いの一番にやるべきことは、葬儀社と段取りを決めることです。二月六日に、鞍手の葬儀社に八幡まで来てもらいました。そして、綿密《めんみつ》な打ち合わせをしました。

たとえば、母の遺体は病院からすぐに自宅に運ぶことにするが、そのときに使う車は目立たない大型のバンにする。通夜も葬儀も、かぎられた範囲の家族のみで静かに執り行なう。祭壇は自宅の居間にしつらえるなどといったことを大まかに相談し、決めていきました。

その過程で、いろいろなことを見落としていたことに気づかされました。まず、わが家の廊下は狭くて、母の部屋から居間まで棺桶が運べないというのです。やはり餅は餅屋にまかせるにかぎります。

母に背を押されて立候補

こうして葬儀の準備から始まった一九九九年でしたが、この年は、私にとっても大きな決断の年でありました。それは、東京都知事選挙への立候補を決めた年でもあったから。

母の介護を通じて、私は日本の福祉の遅れ、政治の停滞、お役所仕事の度《ど》し難《がた》さを感じていましたので、それらを変えようとして政治の世界に飛び込もうと考えたのです。この選挙

郵便はがき

料金受取人払郵便

小石川局承認

1421

差出有効期間
平成27年5月
14日まで

112-8731

東京都文京区音羽二丁目
十二番二十一号

講談社 生活文化局

講談社+α新書係 行

愛読者カード

今度の出版企画の参考にいたしたく存じます。ご記入のうえご投函くださいますようお願いいたします（平成27年5月14日までは切手不要です）。

ご住所 〒□□□-□□□□

お名前《(ふりがな)》

年齢(　　　)歳
性別 1男性 2女性

★最近、お読みになった本をお教えください。

★今後、講談社からの各種案内がご不要の方は、□内に✓をご記入ください。 □不要です

TY 000050-1305

本のタイトルを
お書きください

a　本書をどこでお知りになりましたか。

1新聞広告(朝、読、毎、日経、産経、他)　2書店で実物を見て
3雑誌(雑誌名　　　　　　　　　　　　)　4人にすすめられて
5ＤＭ　6インターネットで知って
7その他(　　　　　　　　　　　　　　　　　　　)

b　よく読んでいる新書をお教えください。いくつでも。

1岩波新書　2講談社現代新書　3集英社新書　4新潮新書
5ちくま新書　6中公新書　7PHP新書　8文春新書
9光文社新書　10その他（新書名　　　　　　　　　　　　　)

c　ほぼ毎号読んでいる雑誌をお教えください。いくつでも。

d　ほぼ毎日読んでいる新聞をお教えください。いくつでも。

1朝日　2読売　3毎日　4日経　5産経
6その他(新聞名　　　　　　　　　　　　　　　　　)

e　この新書についてお気づきの点、ご感想などをお教えください。

f　よく読んでいる本のジャンルは？(○をつけてください。複数回答可)

1生き方／人生論　2医学／健康／美容　3料理／園芸
4生活情報／趣味／娯楽　5心理学／宗教　6言葉／語学
7歴史・地理／人物史　8ビジネス／経済学　9事典／辞典
10社会／ノンフィクション

は、言ってみれば母と私、二人しての戦いでした。

もちろん国会議員という手もありますが、衆参両院で七百三十二名もいるなかで、一年生議員では力にもかぎりがあります。その点、知事、市町村長といった行政の長であれば、少なくとも自分の領土では大きな権限を振るうことができます。

とりわけ東京都知事という職は、国政に大きな影響を与えることも可能だと考えたのです。そこで『変える』というタイトルの政策提言の本を出版し、「東京を変え、日本を変える」というスローガンのもと、都政に挑戦しようとしたのです。

選挙というのは、現代の戦《いくさ》です。戦いにつきものの、いろいろな体験をしましたし、多くの人とのさまざまな出会いがありました。母の介護をしながらの選挙ですから、たいへん苦労をしましたが、それは生きた政治の場を体験する機会であり、また貴重な人間観察の機会でもありました。

利権を求めて集まる人間もいれば、真に厚意でボランティアとして参加してくれる人もいる、急に私の親戚や友人であると吹聴《ふいちょう》して恩着せがましく金集めや名簿集めに走る者もいれば、ポケットから千円札をそっと出してカンパしてくださる都民の方もいらっしゃいました。

なかでも、高校の同窓会仲間が尽力してくれたことは、大きな戦力となりました。一度目の選挙には負けましたが、自分のこれからの人生で、どのような人たちとともに歩んでいくべきかを教わっただけでも、私にとっては大きな収穫でした。

手作り選挙の舛添陣営

このたび、二〇一四年に行なわれた都知事選挙では、幸いにも、皆さまから二一一万二九七九もの票をいただき、私は無事当選を果たしました。

しかし、思い返せば一九九九年春の都知事選挙では、立候補者十九人、そのうち大臣経験者三人を含む有力候補が六人という乱戦が繰り広げられました。結局は、石原慎太郎氏が一六六万四五五八票を獲得して当選しています。

そのときの二位は鳩山邦夫氏で八五万一一三〇票、次が私で八三万六一〇四票、以下は、明石《あかし》康《やすし》氏が六九万三〇八票、三上満氏が六六万一八八一票、柿沢弘治氏が六三万二〇五四票でした。

この都知事選挙は前代未聞の乱戦で、しかもメディアも総動員態勢で対応したため、都民のみならず国民全体の関心事となりました。ある意味で、アメリカ大統領選挙的な様相を呈したと言ってもよいと思います。

私が実行したのは、お金をかけない手作り選挙で、ボランティアの力を借りた草の根民主主義の実験でした。

政党（確認団体）を持たない私は、街頭遊説用の車も一台のみしかなく、広大な東京全域をくまなく回ることは不可能でした。スタッフの数も十名ほどでしたし、かけたお金も七百万円程度です。他の陣営は何千万円、あるいは億を超えるお金を使っていると言われていました。

しかし、この手作り選挙の舛添陣営が、莫大なお金と何百名もの組織を動員する旧来型の選挙方式をとる陣営と、互角以上の戦いを展開できたのであり、八三万票を超えるご支援をいただいたことの重みを、今も深く噛みしめています。

街頭演説を百三十回こなし、四万人の都民と対話を行ないましたが、遊説に出向いた地域では確実に得票が伸びていきました。

これは選挙を実際にやってみて初めてわかったことですが、有権者の皆さんが、いかに政策論争に強い関心を抱いておられるかということを痛感いたしました。都内全域を遊説に歩き、お一人お一人に私の政策を伝えきれなかったことは、重ね重ね残念なことでした。

しかし、テレビ討論などを通じて、政策中心の選挙が行なわれたことの意義は大きく、都民のみならず国民全体が、東京、そして日本が直面する諸問題を考える契機となったと言ってもよいと思います。

「東京を変え、日本を変える」

三十年近く政治や経済を研究してきた私の立場から言えば、まず断行すべきは、中央と地方の関係の見直しです。地方制度の抜本的な改革、つまり明治維新のときに行なわれた廃藩《はいはん》置県《ちけん》のような改革が求められているのです。

四十七都道府県を廃止し、それに代わって十前後の州を置き、連邦制的なシステムにして、地方分権を図るべきだと思います。

このような考えを抱いていた私は、自民党、民主党をはじめさまざまな政党に属する数多くの国会議員と意見の交換を行ないましたが、特に同世代の政治家とは見解が一致することが多かったように記憶しています。

そのような議論のなかから、少なからずの仲間たちが、私に学界から政界に転出することを勧めましたし、私自身も日本の政治の大改革に参画すべきだという決意を固めたのです。

そして地方からの改革を実行するためには、まず首都である東京を変えるべきであり、そのためには都知事に立候補すべきである、そう考えました。私の選挙スローガンが「東京を変え、日本を変える」となったのは、地方から日本の大手術を断行するという発想からなのです。

これまでも、何度か政界への転出を勧められたことがあります。一九九一年の統一地方選挙では自民党から北海道知事候補にと正式要請がありましたし、その後の国政選挙においても、自民党、日本新党、新進党などから立候補を促されたことがあります。

しかし、いずれの場合も、私の政策立案能力を買ってというよりは、むしろ知名度に注目してのものでした。その知名度はテレビ出演によってもたらされたものであることは言うまでもありません。

しかしながら、知名度のみで政治ができるわけではありませんし、また私にも政治家に転出するだけの積極的な理由はありませんでした。

私自身は、私利私欲を離れて、公（public）のために尽くすという気持ちになる、つまり無私という境地に達しないかぎり政治家になるべきではないという信念を抱いていました。今もそれは変わりません。その覚悟がないかぎり、金権腐敗の政治家に堕落《だらく》する危険性が常につきまとうからです。

自分の生活を豊かにしたいという気持ちは誰にでもあります。しかし、選挙で選ばれて公職に就くかぎりは、自分や家族を犠牲にすることもありうるでしょう。無私の精神で東京都民のために全力を尽くすという気持ちを固めることができたとき、都知事選に打って出る決心をしたのです。

このような気持ちにさせてくれたのは、ほかでもない母でした。認知症に罹り、身体も不自由になってしまった母が、私に介護体験をさせることによって、この日本のそれまで見えなかった側面に注意を向けさせてくれたからです。

政治学を勉強していると、どうしても霞が関、永田町の視点から世の中のことを考えがちです。たとえば、省庁の再編などという問題がその典型で、この国の政府をどう作り替えていくかという行政機構論を展開することになります。

しかし、一人一人の国民の立場で見れば、厚生省と労働省が一緒になったら自分たちの生活はどう変わってゆくのかということが重要なのです。介護保険は改善されるのか、雇用がより安定されるのか、年金は減らされずに済むのか——。

そういったことについて、省庁再編を通し、なんの改善もなければ、なんのための改革だったのかということになりかねません。

鳥ではなく蟻の視点で

鳥が空から全体を眺める、いわば鳥瞰《ちょうかん》的に日本のあり方を再検討することも必要ですが、役所の窓口で官尊民卑で高圧的な処遇を受ける庶民の目ほど大切なものはありません。こちらのほうは、いわば地面を這《は》いつくばる蟻《あり》の目と言ってもよいでしょう。

東京に出て政治学を志し、二十代のほとんどをヨーロッパでその研鑽《けんさん》に努めました。帰国後も研究に従事するかたわら、外務省などの政府機関のお手伝いをしてきた私としては、どうしても鳥瞰的見方に傾きがちでした。

しかし鳥の目だけでは、木立《こだち》に隠れている世の中の本当の姿を見落としてしまいます。人生の半ばにして、母は認知症となることを通して、蟻となって世の中のためになる道を指《さ》し示してくれたのです。

極論すると、政治を必要としているのは弱者です。経済的、社会的に強い人には政治は不要です。何億円もの年俸を稼《かせ》ぎ出すプロ野球のスター選手を、政治が救う必要はありません。

不幸にして障害を持つ身になった、親が交通事故で不慮《ふりょ》の死を遂げたため進学を断念せざるをえなくなった、難病に罹り治療費が家何軒分もの数字になる、このような場合に政治が機能しなければ、なんのための社会的連帯でしょうか。

これこそが私の政治哲学であり、それを政策として実現するために、都知事選に打って出たのです。

それだけに、カネをかけない選挙を実行するという点については、いささかも譲《ゆず》れないという姿勢を堅持《けんじ》しました。

母の病が癒えた理由

そのころ母は、暮れからの体調不良で入院しており、医者からは死期が近いとさえ言われていました。そんなときに私が立候補したことが報道されると、そのニュースは北九州市全域にもあっという間に広がりました。もちろん、母と同じ病室に入院しているおばあさんたちも四六時中テレビを観ていますので、東京の政治情勢はよく知っています。

彼女たちは、母に向かって、

「あんた、こんな所で寝ている場合やないよ。息子の応援に東京に行かんといけんよ」

と大きな声で叱咤《しった》激励するのです。

認知症の症状があるといえども、テレビに映る自分の息子の顔を忘れるはずはありません。私が立候補したことに感激したのか、周囲の声に感動したのか、顔をくしゃくしゃにして泣きながら、気持ちは東京に飛んでいたようです。

そこで奇跡が起こりました。生死の境をさまよっていた母の病状はみるみるうちに好転し、風邪による発熱や嘔吐も止まったのです。出馬表明してから二週間経つと、肺炎からくる病はすっかり治っていました。

息子が出陣すると、自分も立ち上がらねばと考えたのでしょう。葬儀の準備までするほど深刻だった母の病気は、嘘のように癒えたのです。こうして二月二十八日には、母は退院することができました。告示前にしてすでに母は、私と一緒に都知事選を戦って、みごとに元気を回復したのです。

そして、それは同時に、私の元気の素《もと》となりました。母はいつでも、私を見ていてくれる、陰で私を支えてくれる――。母が元気を回復するという、この奇跡的な事実によって、母と一つのいのちを生きているような深い感慨が胸の内から湧き起こりました。

現代の選挙は、昔なら国盗《くにと》り合戦です。戦では体力のみならず、強靭な精神力がものを言います。「なんとしてでも生き抜くのだ」という気持ちが絶対に必要になります。開戦とともに、母もそのような気持ちになってくれたようで、それが、もともと旺盛な母の生命力をさらに強化したのだと思います。

介護に際しては、おむつ替え、入浴などの物理的ケアは不可欠ですが、心のケアも同様に重要です。そのことを、このエピソードは雄弁に物語っているのではないでしょうか。

「介護選挙」の顚末《てんまつ》

退院した母は「住み慣れた」老健に戻って、とにかく体力の回復とリハビリに全力をあげることになりました。老健でも仲間のおばあさんたちが、食堂でテレビ画面のなかの候補者・舛添要一を指さして、母に勢いこんで話しかけます。

「ほらほら、あんたの息子が出とるよ。早うようなって応援に行かんといけんよ。こげな所で、じっとしている場合やないんやないの」

とけしかけます。

毎日、三度の食事のたびに、入れ替わり立ち替わり誰かがこう言って母を励ますのですから、母としては元気になるしかありません。それで、日に日に元気になっていくのですから不思議です。

しかし、よいことばかりは続きません。老健で、ヘルパーさんがちょっと目を離したすきに、母が車椅子から転がり落ちてしまい、眉間から床に激突して大怪我をしてしまいました。顔中血だらけになって小倉の総合病院に運ばれ、何針か縫《ぬ》う手術です。

それは三月九日のことで、事実上の選挙戦の真っ只中にいた私も、その知らせによりショックを受けました。幸い、入院の必要もなく、すぐに老健に戻ることができましたが、体調を回復しかけた矢先のことで、先行きが危ぶまれました。

顔に怪我と聞いて、私は身震いしたのを覚えています。そもそも母の認知症が急速に進行したのは、一九九六年四月に母が転倒して顔に大怪我をし、集中治療室に運ばれてからです。ですから、これは一大事と心配しましたが、息子が戦っているときに倒れてはならじ

講談社＋α新書
プラスアルファ

と、気丈な母は考えたのでしょう、傷が完全に治って抜糸したあとも大きな傷跡が残るほどの怪我でしたが、それが母の体調をさらに悪化させることはなかったのです。これまた、選挙のおかげでしょうか。

サラリーマンが選挙に出るには

じつは、正式に立候補表明した二月十二日以降も、北九州には母の介護に十七、十八日、二十八〜三月一日と帰りましたが、要介護老人を抱えての選挙というのは、こんなものです。また、母が怪我をしたあとには、三月十四、十五日と見舞いに戻りました。

他の候補者は、まさに寝食を忘れて選挙に没頭していましたので、選挙区の東京を離れて遠い九州に足繁く通うというのは、選挙上は不利だったのかもしれません。

しかし、普通の市民が普通の生活をしながら気軽に選挙に出ることができる、そして庶民の普通の生活感覚を政治の場に反映させる、それこそが日本の政治の活性化をもたらすのではないでしょうか。

いわゆる二世議員が増えていることは、政治から普通の人の生活感覚をなくし、政治の世界を閉鎖的にしていると思います。私の都知事選挙は、普通の人の手に政治を取り戻そうという試みでもあったのです。

私は、日本も、普通の人が普通に生活しながら、選挙に立候補できるような社会に変わるべきだと考えています。現在の日本の政治家は、農民や自営業者を過剰に代表しており、サラリーマンは過小にしか代表されていません。

普通の勤め人が気軽に選挙に出ることができるようにならないかぎり、都市に住む大量の有権者の声は政治に反映されなくなります。地方偏重の交付税制度が伏魔殿《ふくまでん》のように存在し続けるのも、この歪《いびつ》な代表構造が一つの原因です。

そこで、誰もが容易に選挙に出馬できるための仕組みを作る必要があります。私が都知事選挙で心がけたのもそのことであり、カネや組織に頼らない選挙キャンペーンを実行することで、その実験を成功させようとしたのです。

もちろん私の場合は、十年間にわたってテレビをはじめとするマスメディアに露出し続けてきたので、有権者の間での知名度が高く、その点は差し引いて考えなければならないでしょう。

しかし、実際に立候補してみて、素人が初めて選挙に挑戦することの苦労を身にしみて感じました。そして、選挙の仕組みを少し変えれば、そのような苦労も減るのではないかと思ったのです。

第五章　母の贈り物

一九九九年四月十一日に投票が行なわれた、私にとって一度目の都知事選挙では、石原慎太郎候補に完敗しましたが、葬儀の準備までするほど深刻だった母の病は嘘のように癒えました。今にして思えば、負け戦ではあったものの、母は私とともに選挙を戦うことによって、その後、一年半も命を存《なが》らえることができたのです。

選挙戦の真っ只中の四月四日の日曜日は、東京でも「お花見サンデー」で、桜の名所には人がどっと繰り出しました。それは政策を訴える、またとないチャンスです。巣鴨のとげぬき地蔵、飛鳥山《あすかやま》公園、隅田公園、上野公園と桜の下を遊説して、何万人もの有権者に語りかけました。

その同じ日、九州でも桜が満開で、母は老健の仲間と近くの公園にお花見に出かけたそうです。そこでもまた、皆から選挙のこと、私のことをさんざん聞かされ、激励され、母はますます元気になっていきました。

繰り返しますが、介護については、身体のケアのみならず、心の問題がいかに大きいかを、はからずも教えてくれたのが、この選挙中の母の姿なのです。

戻ってきた束の間の日常

都知事選挙という戦が終わって、また、平穏な日常が戻ってきました。支援してくれた方々も、手作り選挙で八十万票以上を得たこと、そして、これからの都政のあり方に政策面で一石を投じたことを評価してくれました。

本当は、手紙を書いたり訪問したりして、支援のお礼を言いたいところですが、これを実行すると、公職選挙法の「選挙期日後の挨拶行為の制限」の規則に抵触します。有権者の家に戸別訪問すること、文書図画《とが》を頒布《はんぷ》すること、集会を開くことなどが厳しく禁じられているのです。

私はこの法律を厳格に守りましたが、こうした行為の禁止を知らない人は、「支持したのにお礼の一つもない」と立腹したかもしれません。

しかし、支持の見返りに利権を求めるなど下心のある人たちは別として、志のある本来のボランティアの方々からは、なんの不満の声も耳にしませんでした。周りにいる人たちの選挙後の言動を観察していても、本当の信頼関係とはどのようなものかを教えられます。

選挙が終わり、桜の季節も終わりましたが、母の体調は絶好調でした。選挙に落選したことは、誰もあえて言わなかったと思いますし、母の認知症の進行状況からすれば、選挙戦の展開を細かく追うことなど不可能だったと思います。

周りの声に叱咤激励されて母が理解したのは、息子が選挙という大きな戦を闘っている、自分も頑張らねばということだけだったでしょう。開票後、皆が落選の慰労にでもくれば、何か悲しいことが起こったと感じて元気を失ったかもしれません。

しかし、私自身が、投票日の翌日から活動を開始しましたし、負けたとはいえ、かぎられた資金と人数で全力をあげて臨みましたので悔いはありませんでした。息子が元気なのに、母がしょげかえる理由はありません。

選挙の後始末に十日ほどかかりましたので、ゆっくりする暇もありませんでしたが、四月二十一日になって、やっと北九州に帰ることができました。母には選挙のことは何も言いませんでしたが、母は、三週間ぶりに息子の顔を見て安心したようでした。妻も私も、母が見違えるように元気になっているので、すっかり安心したものです。

オモニ（おふくろ）の味

この時期は、母の体調が安定していましたので、五月の連休には、自分たちの骨休めをすることに決めました。妻も、介護に選挙にと、くたくたに疲れていたため、海外でゆっくりすることにしました。

以前から、お隣の韓国の京畿道《キョンギド》の知事さんが、一度訪ねていらっしゃいと言ってくれていましたので、ご厚意に甘えることにしました。舛添家発祥の地は福岡県ですが、わが家は先祖代々朝鮮半島とはゆかりが深く、あとで紹介しますが、私の父は自分の選挙ビラにハングル（朝鮮文字）でルビを振った最初の日本人だったようです。

そんな縁で、私自身もハングルの勉強に励んでいますし、韓国への造詣《ぞうけい》を深めることに喜びを感じています。私は韓国には何度も足を運んでいますが、妻を連れて行って、二人で韓国文化の素晴らしさに直接触れることができるのは、また別格でした。

韓国で東京都に相当するのはソウル特別市ですが、ソウルがあるのが京畿道なのです。ですから、知事の歓迎の宴《うたげ》では、「本来なら東京都知事として参る予定でしたが……」という冗談から答礼の挨拶を始めました。

あのときの旅ほど、韓国の友人たちの心温まるもてなしを嬉しく思ったことはありません。韓国の方々の、目上を敬《うやま》い、両親、そして祖先を敬愛する思いやりの心には、今の日本人は見習う必要があります。特に、「オモニ（母）」への情は、日本人よりも韓国人のほうが強く、私の母への想いも、彼らのほうがよくわかってくれるような気がします。

歴史の一時期の不幸な体験を乗り越えて、この隣国同士がもっと相互に理解を深めていくことを望まずにはおれません。特に若い世代に、このことを期待したいと思います。福岡を起点に考えると、ソウルのほうが東京よりも近いのです。

ある日、全羅北道《チョルラブット》に行って全州《チョンジュ》で食事をしたとき、これはどこかで食べたことがあると、なつかしく思ったものがあります。それはイカなどの海産物を煮付けたものでしたが、よく考えると、小学生のころ母が作ってくれた夕ご飯のおかずの味でした。

高度経済成長とともに便利な調味料などが出てきて、母も面倒な味付けをしなくなったのか、私が中学生になったころには、その味は、とんと食卓にはのぼらなくなりました。

ですから、全州での食事は四十年ぶりに再会した家庭の味ということになったのです。まさに一衣帯水《いちいたいすい》の間柄です。おふくろの味を、韓国南部の家庭料理のなかに発見するとは思ってもいませんでした。

母が、もし生きていて元気であったなら、全州に連れて行って、その味を試させて、もう一度、昔の料理を作ってもらいたいとさえ思います。母は料理が上手で、特にかぎられた材料で五人もの子供の空腹を満たす食べ物を作る名人でした。

本当に、貧しい日本を体験してきた昔の人には頭が下がります。彼らの努力のうえに今日の日本の繁栄があるのです。私たちは、この素晴らしい日本を次の世代にバトンタッチしていかなければならないのです。

母が認知症になって料理ができなくなったとき、おいしい「とこづけ」を食べることがで

北九州市の老健に母を見舞う

きなくなったのは、じつに辛いものでした。「とこづけ」というのは、北九州の名物で、糠床《ぬかどこ》のなかに大根、キュウリ、ナスなどを漬けて、漬け物にしたものです。

これは、それぞれの家庭の味を代表する食品で、ビタミンも豊富に含んでおり、食欲のないときも、この「とこづけ」を食べるとご飯が何杯でも進みます。

大学入学で上京したとき、この北九州の「とこづけ」に勝るお新香がなく、閉口しました。仕方がないので、あまり当たりはずれのない、沢庵《たくあん》かキムチばかり食べるようになりました。

介護で九州に帰るたびに、

「早う元気になって、またとこづけを作ってくれんね」

そう母に甘えるのが常でした。

糠床は、毎日かき混ぜなくてはなりませんので、主婦にとってはたいへんな作業です。それに手も臭くなります。今どきの若い女性なら、最も嫌う家事の一つでしょう。母の認知症、そしてその死とともに、舛添家で何十年も続いてきた「とこづけ」の歴史も終わってしまったのです。

母の死に装束は一張羅のスーツ

妻と二人での韓国旅行を終えて帰国してからも、毎週のように北九州に介護に帰りましたが、都知事選挙の思わぬ副産物効果が持続していて、母は元気そのものでした。例年、梅雨のころになると、持病ともいえる十二指腸潰瘍《かいよう》が悪化し、血を吐いて入院するのですが、この年ばかりは選挙で蘇《よみがえ》った母は、梅雨も平気でした。

六月二十六日には、老健でハーブ祭りが催されました。老健の庭には、いろいろな種類のハーブが栽培されており、その香りをお年寄りたちが楽しむのです。香りには神経を癒す働きがあり、香りによる治療をアロマセラピーと言います。

音楽による治療がミュージックセラピー、動物による治療がアニマルセラピーです。母のいた老健では、歌の先生が定期的に歌唱指導に来たり、犬を飼って触れ合いの場を作ったり、さまざまな試みをしていました。母は、それらにも積極的に参加するようになりました。

もちろん老衰は止めることはできませんし、嚥下障害のために食事に難儀する状態が改善したわけでもありません。しかし、北九州に帰るたびに、母の口に食べ物を運び、談笑する楽しみは続いたのです。

梅雨が明けると、猛暑がやってきました。そのころ、「通販生活」という雑誌が介護の特集を組むので、母と私が一緒にいるところを写真に撮りたいと言ってきました。十月に発行する秋の特大号の表紙を飾る写真です。

七月十四日に、私が介護に北九州に帰った折にカメラマンも同行し、車椅子の母と私のツーショットを撮りました。幸い母は、体調もよく上機嫌でしたので、よい写真になったと思います。

母が雑誌の表紙を飾るなどということは、後にも先にもないことで、できるだけ母におしゃれをさせることにしました。新品のツーピースのスーツを着せ、胸には蘭の花を飾り、手にはハーブを持たせました。大病を克服したあとにしては、たいへん元気な姿です。

母が一年後に亡くなったとき、伝統的な死に装束の白い経帷子《きょうかたびら》ではなく、このときのスーツを着せて棺《ひつぎ》に納めたのです。そして、母が表紙を飾った「通販生活」の一九九九年十

親子で飾った「通販生活」の表紙

月号も一部、一緒に棺のなかに入れました。

いわば母は晴れ姿で天国に旅立ったのです。そして、冥土《めいど》の土産が自分がカバーストーリーの雑誌になりました。

母からもらったプレゼント

七月が過ぎて、八月になっても猛暑は続きましたが、母は九州の暑さをものともせず、元気一杯です。

八月九日に介護に帰った際に、福岡家庭裁判所の小倉支部に出向いて、母の財産管理状況の報告をしました。

先述したように、母を禁治産にし、私が後見人になりましたので、母に関するお金の出入りをすべて細かく記して、領収書を添付して家裁に提出する義務があります。これはたいへんな仕事なのですが、姉に協力してもらって、いつでも報告できる状態にしてありました。財産管理もまた、重要な介護の仕事なのです。

お盆にも北九州に帰りましたが、私たちが夏バテで参ってしまうほどの暑さも母は平気な様子で、介護する側のほうがよほど弱っているかのようでした。八月二十九日には、老健の夏祭りが催されましたが、母は他のお年寄りたちと一緒に盆踊りに興じたり、スイカにかぶりついたり、楽しい汗をかいていました。

秋になって涼しくなると、母の体調はますますよくなりました。九月も十月も、毎週のように介護に北九州入りしましたが、母についてはなんの心配も要りませんでした。

そこで、これほど快調ならばと、十一月には久しぶりにヨーロッパ出張に出かけることにしたのです。介護を始めてからも、もちろん海外での仕事はありましたが、渡航先をほとんどアジア諸国に限定してきました。

それは、万が一母の具合が急変したときに、二十四時間以内に九州に辿り着ける距離を考えてのことでした。

私は、若いころヨーロッパに留学していましたので、ヨーロッパといえば、いわば第二の故郷のようなもの。母が倒れる前は、毎年のように訪れていました。しかし介護にかかりきりのときは、そのような時間的、そして空間的贅沢は許されません。

ところが、秋になって母の体調が良好な状態を維持しているときに、たまたまフランスとドイツで講演する仕事を頼まれたのです。そこで、妻とともに十一月十五日の月曜日に成田を出発して、二十日の土曜日に帰国するスケジュールを組みました。

私の旅費や宿泊費は仕事の発注先から出ますが、妻の分は出ません。ところが、介護や仕事で飛行機にたくさん乗ったことで、マイレージが大量にたまっていたのです。妻のヨーロッパ往復分の航空券は、このマイレージ・サービスでまかなえました。これまた、介護の副産物とも言えます。

こうして、晩秋のヨーロッパに妻を案内することができました。結婚と同時に、母の介護という仕事をせねばならなくなった妻を、私の青春の地であるヨーロッパにまで連れていく余裕はそれまでなかったのです。

ですからやっとのことで、妻と連れだって、私が学んだ花の都・パリ、そして仕事でよく訪ねたドイツのルール地方にまで足を延ばすことができました。

そして十二月には、わずか三日間の強行軍でしたが、妻と二人でタイを訪ねました。タイには友人も多く、寒がりの妻も熱帯の地でリラックスしていました。

結局、母や私たち夫婦の一九九九年は都知事選の戦いに始まりましたが、そこで元気を回復した母のおかげで、妻と私は、韓国、ヨーロッパ、タイと、一年間に三度も海外旅行に出かけることができたのです。

今思えば、その翌年の秋に母は亡くなるのですから、これはいわば、母が最後の力を振り絞り元気を回復することによって、妻と私に介護のお礼のつもりで海外旅行をプレゼントしてくれたのかもしれません。

悪影響を及ぼす環境の変化

一九九九年の年末は、コンピューターの二〇〇〇年（Y2K）問題に対応するために忙殺されていました。

私は、国際大学のグローバル・コミュニケーション・センターにも所属していましたので、二〇〇〇年に日付が変わるとコンピューターが一九〇〇年と区別がつかなくなって誤作動を起こすかもしれないという、このY2K問題を一年半がかりで研究してきたのです。

幸い母の体調も良好でしたので、十二月二十五〜二十六日に北九州に帰って母を介護してからは、年明けまでずっと東京にとどまってY2K問題への対応に明け暮れていました。

じつは、母には、十二月後半になって異変が生じていました。母のベッドの枕元に、吐血した跡を介護スタッフが発見したのです。母の状態にはなんら変わったところは見られなかったのですが、大事をとって入院し、検査をすることにしました。

十二月二十日のことです。母の状態からは異常な様子がまったく見られませんでしたので、これは鼻血でも出してシーツを汚したのではないかと考えて、まずは入院の翌日に耳鼻《じび》咽喉《いんこう》科を訪ね、検査を受けました。しかし、異常はありません。

もちろん入院した病院でも、血液、心電図、胃カメラなど、考えられるあらゆる検査を行ないましたが、結果はまったく異常なしです。

母は、久しぶりの入院で環境の変化に戸惑い、きょろきょろと周囲を見渡して落ち着きを失ってしまいました。認知症のお年寄りにとって、環境の急変ほどショックなものはありません。

これは、母の精神的健康に悪影響を及ぼします。しかも、検査のため食事がとれませんので点滴で栄養補給です。そうなると、検査が終わっても、すぐには食欲が湧《わ》いてきません。ご飯を食べようとしないので、結局はまた点滴という悪循環になります。

私は、二十五日に北九州に帰って母を見舞い、

「食べないと退院できないからね」

と母を諭《さと》しながら、口に食べ物を運ぶのですが、口を開いてはくれません。

医師も看護師さんも、これには困ってしまいました。そこで、異常がないのだから、住み慣れた老健に戻って様子を見ようということになり、十二月二十八日に、とりあえず退院したのです。

都知事選以来、ずっと快調だった母のこと。私もすっかり安心して、母の介護は姉に任せて、年末は全人類的課題であるY２K問題に全力をあげることにしました。

最も親しかった親戚の死

さて、母が老健の自分の住処《すみか》に戻ると、摩訶《まか》不思議なことが起こりました。一気に食欲が回復して、入院前とまったく変わらないペースで食事を始めたのです。私は、年末年始にかけてY2K問題に追われて、東京で研究機関や行政やマスコミを相手に走り回っていましたので、退院には立ち会うことができませんでした。

退院の顚末は、母に付き添った姉が語ってくれたのですが、まさに狐《きつね》につままれたようだと言います。「いったい、この一週間はなんだったの」、これが姉や私の思いでした。

母は平穏に二〇〇〇年を迎えることができました。仕事であわただしかった年末年始も終わって、一月八日になって、やっと私は妻とともに北九州に帰り、母に新年の挨拶をすることができました。母の介護を始めてから四度目のお正月です。春になれば介護も五年目に入ります。

足かけ五年に入ろうとする介護生活を振り返って、私はいろいろな感慨に耽《ふけ》りました。認知症の症状が出て最初に入った老健で、あと一年の命だと宣告されたことを思い出しました。生命の尊厳などとは無縁なひどい判定でしたが、母の生命力は、そんな無責任なご託宣《たくせん》を笑うかのように、二年、三年と病と闘っていったのです。

家族の団欒（北九州市の自宅にて）

母の状態は良好で、一月に妻と二人で北九州に帰ったときも、相変わらず食欲は旺盛で、機嫌もよかったので安心しました。

「一年前には、生死の間をさまよっていたのにね」

と、以前よりも元気になった感じのする母を見ながら、姉と頷《うなず》きあったものです。

そんな矢先の一月二十四日、訃報が届きました。母の長姉の息子、つまり母の甥《おい》で私の従兄《いとこ》が、博多の街で突然倒れて亡くなったというのです。彼はもう七十歳を越えていましたが、元気に日常生活を送っていましたので、突然のことに皆驚いてしまいました。

母の姉が若くして亡くなったあと、母は彼をわが子のように育てていました。そのため、母はこの甥を信頼し、彼も何度も母を見舞い、また私たち従兄弟・従姉妹集団の長老として、親類間のもめ事処理などの大役を果たしてきたのです。

母の介護をめぐって、私の長姉夫婦が理不尽な主張をし、暴力まで振るったとき、その場に居合わせた彼は、その非道ぶりを非難したものでした。その従兄が、こともあろうに、見舞い続けた親代わりの母よりも先に逝ってしまったのです。

親類間のまとめ役として、彼には、まだ果たすべき役割が残っていたのですが、人の生き死にのことゆえ、運命としか言いようがありません。

従兄弟といってもその関係は濃密なものでしたので、私たちにとって最も親しかった彼の死は、母の里、鞍手町との関係がまた少し遠ざかったことを意味しました。

妻の妊娠が一縷《いちる》の希望に

さて、二月に入ると、母の体調にも乱れが見え始めました。二月五日の土曜日、私は大阪でテレビに出演したあと、岐阜で仕事をして、夕方の新幹線に乗って九州へ向かっていました。母の元気な顔を見るためです。

ところが、この日、母は食べた物を吐いてしまい、急遽《きゅうきょ》、病院に運ばれたのです。岐阜から姉に電話をして、そのことを知った私は気が気ではありません。この日は、妻を連れずに一人で八幡に向かっていました。

小倉駅に着いたのが夜の九時半ですから、もう病院の面会には遅すぎます。翌朝になってから母を見舞いましたが、検査準備のため、口から食べ物を入れられないので、母はあまり元気がありませんでした。

この日は日曜日でしたので、病院は休みで本格的な検査はできません。私は翌日からの仕事に備えて、母を見舞ったあと、また東京へトンボ返りしました。

ところで、いつも一緒の妻が同行しなかったのには、理由がありました。一月末にいつもと体調が異なることに気づいた妻は、産婦人科に検診に行ったところ、妊娠していることがわかったのです。

結婚五年目にして、待望の子宝に恵まれるチャンスが到来しました。妻は出血などがあったため、大事をとって東京にとどまったのです。

介護に明け暮れて、精神的にも子作りなどの余裕はありませんでしたが、都知事選挙以来、母が元気を回復してくれたおかげで、私たちも海外旅行に出かけるなどのゆとりができていました。その気分転換が幸いしたのかもしれません。

選挙への立候補、そして母の蘇生、さらに新たな生命の誕生への希望と、選挙には落ちたものの、その分を埋め合わせるように、よいことも続くようでした。新しい生命の灯火《ともしび》は、介護のお礼にと、母が私たちに点火してくれたような気がしました。ですから妻には、なんとしても元気な赤ちゃんを産んでもらわなければなりません。

私は病院のベッドの上に横たわっている母に、

「母ちゃん、今年は孫が生まれるよ。早う元気にならんといかんよ」

と語りかけて、励ましたのでした。

私が帰った翌日、母は血液検査などさまざまなチェックをしましたが、異常は見つかりませんでした。

そして、翌八日には、内視鏡で胃の検査もしましたが、これまた異常なし。そこで今回もまた、母がすぐに元気を回復してくれるものとほっと胸を撫《な》で下ろしたのです。

延命治療を拒否した理由

ところが、二月十六日、母が高熱を出して心配だという姉からの連絡が入りました。翌日検査だということで、その結果を待っていましたが、母は敗血症《はいけつしょう》の状態で、健康体だと九千以内という白血球の数が六万にも上っていました。

身体のどこかに細菌による病気があって、その細菌が血液の流れのなかに入って増殖し毒素を生むと、中毒症状を起こしたり細菌が血液の循環によって全身に広がり二次的に臓器に感染したりします。これが敗血症で、身体の抵抗力が弱っていると罹りやすくなります。

これはたいへん重い病気で、母の場合、血小板の数値も異常で、また尿が出ず、出ても血尿で腎不全も併発していました。

この状態では個人病院での処置は困難で、二月十七日夕方、母は救急車で小倉にある総合病院へと移されました。この病院は、心臓病などでは世界でもトップレベルにあり、血液関連でも専門医がそろっています。

この日は、午前中にＴＢＳでラジオの収録をして、昼は弁当を食べながら国際情勢の研究会に出ました。その後、いったん事務所に戻ってから銀座の美容院に行き、散髪を済ませてから、日本の政治についてのジャーナリスト仲間との勉強会へと急ぎました。

ところが、六時半ごろに会場に着くや否や、妻から電話です。姉からの伝言、つまり母が小倉の病院に転院したこと、そして生命が危険な状態にあることを伝えてきました。

今夜にも生死の境をさまようことになるかもしれないという連絡で、勉強会を途中で退席し、急遽、北九州に戻る段取りをつけることにしました。

翌十八日は、テレビ出演のため夕方に大阪入りすることになっていました。午前中の予定をすべてキャンセルして、東京駅に向かい、八時五十二分発の「のぞみ」に乗り込みました。小倉駅に着いたのが十三時三十五分。すぐにタクシーで病院に急ぎ、二時前には、母が治療を受けている病院に到着したのです。

病室に駆けつけ、母の顔を見るや愕然《がくぜん》としました。

尿が出ないので顔がむくみ、右目は閉じたままで、かろうじて左目で私の存在を確かめているようでした。息をするのも苦しそうに、肩を揺らしています。一見して、これはきわめて危険な状態であることがわかりました。

もう一人の姉も急遽、駆けつけていましたので、二人の姉と一緒に主治医に会い、母の病状について説明を受けることとなりました。

最大のポイントは、延命治療をするか否かです。私は、母が苦しむような無理な延命治療はしないように主治医に頼みました。

四年間にわたって認知症と闘ってきた母は、心身ともに疲れ切っており、その身体に人工透析やチューブでの栄養補給は酷だと思ったからです。姉たちと病院に泊まり込む態勢を整え、母の死への覚悟を固めました。

そしてこの日、ちょうど一年前にも相談した葬儀社に、また自宅に来てもらわなければなりません。

「今度ばかりは、母の命がもたない、すぐに葬儀の準備にとりかかるように」

そう指示し、実際に葬儀の段取りを予行演習しました。

先述しましたように、狭いわが家です。棺桶が廊下を曲がりきれないので、母の部屋に棺を安置することは不可能です。そこで、通夜の場所を居間に移すしかありません。北九州の家を建てるときに、さすがに棺桶のサイズまでは計算に入れませんでした。

じつは、都会のマンション住まいでは、皆同じ問題を抱えることになります。自宅で療養する、自宅で死ぬ、自宅で葬式をするということが普通でなくなった現代を象徴するような失敗です。

本格的なシミュレーションを実行すると、思わぬことが起きます。早とちりした人は、手回しよく私宛に弔電を打ってきました。これにはたまげましたが、

「これは縁起がいいよ、一度殺された以上は、母は長生きするよ」

と、皆で苦笑したものです。

第六章　父の面影を追って

小倉の総合病院に入院した母を見舞い、もしものときに備えるため、二月十八日以降、三、四日おきに東京と北九州を往復しました。姉たちも私も、今度ばかりはほぼ諦めていましたが、二十一日には母の状態が好転し、食事を始めることができるようになりました。

またもや母は奇跡的に復活したのです。その生命力には、主治医も仰天したほどです。明治・大正生まれの人は頑強にできているのかもしれないと、医者と感心したものです。

間違って届いた弔電のご利益《りやく》か、母は急速に快方に向かっていきました。葬儀社の出番はまたなくなりました。そこで、葬儀社に、

「おたくに頼むと縁起がいい。そちらは商売上がったりでしょうが、こちらは、また母が生き返った」

と、冗談を言ったくらいです。

いずれはお世話になるにしても、今日、明日の話ではなくなったのです。

そのうえ、妊娠したことが判明した妻の体調もよくなりましたので、二十五日には妻も

私に同行して九州に向かいました。秋には孫が生まれることを、妻の口からじかに伝えましたが、母がその話の内容を、どこまで理解できたかはよくわかりません。

しかし、妻の妊娠の知らせもまた、母を勇気づけたことは確かでしょう。三月一日には、小倉の病院を退院することができました。しばらくは、近くのかかりつけの病院で養生することになりました。

父の墓をどこに置くか

この母の大病を機に、私は一つのことを決意しました。それは、先祖代々の墓と寺を東京に移すということです。母が亡くなれば、もう九州にはあまり帰らないでしょうから、父母を供養するには墓が東京近辺にあったほうがよいと考えたのです。

こうして、菩提寺と墓の移転の作業を始めましたが、受け入れ先の寺探し、巨大な墓石の運搬《うんぱん》など、じつに苦労の連続でした。

さて、芦屋《あしや》といえば、ほとんどの日本人は、兵庫県の芦屋市を思い浮かべるでしょう。しかし、福岡県にも芦屋町があります。航空自衛隊の基地があるこの町が、舛添家発祥の地です。

芦屋町は人口一万六千五百人余り、響灘《ひびきなだ》を望む遠賀川《おんががわ》の河口に広がる町で、茶の湯釜でも有名です。芦屋釜は鎌倉時代から江戸初期にかけて制作され、現在、九つの茶の湯釜が国の重要文化財に指定されていますが、そのうち八つは芦屋釜です。

芦屋町にある本家の菩提寺には、寛永二（一六二五）年以来の舛添家の過去帳が備えられています。私の父はこの地で生まれましたが、成人してから北九州市に移り、事業を営んでいました。

父は自分の余命が幾ばくもないことを悟ると、本家の寺ではなく、同じ町にあるほかの寺に死後の世話を頼みました。それは、じつは単純な理由からです。

父の姪の夫が、その寺の住職を務めていたから。親族なら十分な供養をしてもらえると、父は期待していたようです。

こうして、父の葬儀も私の従姉の夫の住職が取り仕切りましたが、この寺は禅寺で、栄西《えいさい》の起こした臨済宗です。そこで、私はわが家の宗派は臨済宗と思っていました。

ところが、墓や寺を移すためにいろいろと調査した結果、もともと舛添家の宗派は、同じ禅宗でも道元《どうげん》を開基とする曹洞宗であることが判明しました。

父の死後、遺骨は本家の裏山にある巨大な「舛添家累代《るいだい》の墓」に納められました。この墓は、父が若くて羽振《はぶ》りのよいころ、四国から緑青色の伊予石を取り寄せて建立《こんりゅう》したもので、高さが二メートル以上もある代物です。

お盆や彼岸に墓参に行きましたが、里山のなかにあるので雑草が生い茂り、草刈りがたいへんでした。藪蚊《やぶか》対策も講じなければならず、また年配の和尚さんを毎回山登りさせるのは気の毒でした。

そのうちに、お寺で納骨堂を建てることに決まりましたので、父の遺骨を山の墓から下ろし、町中の寺に移したのです。それ以降、父の供養がずいぶん楽になりました。山のお墓のほうは、すっかり放ってあり、どのような状態にあるか想像すらできませんでした。

二月二十日、姉と姪、そして私は連れだって本家の裏山に出かけました。父は私が中学二年生のときに亡くなりましたが、その数年後には寺の納骨堂が完成しましたので、山の墓に行くのは三十年ぶりのことです。

地元の親類に案内を請いましたが、彼らが父の墓守をしているわけではありませんから、墓がどこにあるかわかりません。私は、すっかり変わってしまった風景のなかで、昔の記憶を懸命に辿って、うっそうと茂る竹藪《たけやぶ》の陰に静かにたたずむ墓石を発見しました。

何年か前に、カンボジア和平の取材に行ったとき、ポルポト派による襲撃を恐れながら密林の奥に足を延ばし、アンコールワットやアンコールトムの遺跡を訪ねたときと同じような感激を覚えました。

しかし、問題はこの大きな墓を山から下ろし、トラックに積んで東京まで運ぶ作業です。

技術的に可能なのか、それに費用もかかります。

父がこの墓を建立したのは、大正九（一九二〇）年のことですが、その時代に、どのようにしてこの巨大な墓石を山頂まで運んだのか、父が生きていたら聞きたいような気がします。ちなみに、父は、このとき三十歳でした。

「都知事が骨を拾ってあげますよ」

私の生活の本拠地は東京ですので、北九州市ならまだしも、先祖の供養のために足繁《しげ》く芦屋町を訪ねることはできません。そこで、お寺を関東に決め、そこに父の遺骨を移すことを決意したのです。それを実行するには手順があります。

まず第一にやるべきは、移転先のお寺を探すことです。東京都内が最も便利がよいのですが、墓地の値段が高すぎます。

「墓地を買う」と言いますが、実際は、墓地の永代使用権を購入するのです。都心だと、一区画が何百万円、あるいは場所によっては一千万円を超えます。

特に父の建立《こんりゆう》した馬鹿でかいお墓を移すことのできるスペースとなると、狭い墓地では不可能。まさに地獄の沙汰もカネ次第といったありさまです。そこで、東京は諦めました。近郊の県に求めるしかありません。

これからは、都会の墓の問題は深刻です。一回目の東京都知事選に立候補したとき、高齢社会の問題の一つとして、この墓の問題があり、対策が必要であることを訴えました。

それに、少子化が進みますと、死後の面倒を誰が見るのかという問題が起こります。お年寄りの将来の不安の一つとして、「誰も自分の骨を拾ってくれなかったらどうしよう」ということをあげる人がいます。

私は「当選したら、都知事が骨を拾ってあげますよ」と答えたものです。これからは「骨を拾う」のも、地方自治体の重要な仕事になるでしょう。

東京が駄目ならというわけで、妻の里のある神奈川県の湯河原町を物色してみました。幸い、妻の家も同じ曹洞宗ですし、湯河原町の圧倒的多数が曹洞宗、探すのは容易です。

しかし、ここでも父の作った墓の巨大さが問題になりました。妻の家のそばにあるお寺は、墓地が段々畑のように配置されており、クレーンを設置する場所がありません。そこで選択肢は、クレーンが入り、墓の移設作業が可能な空間のある寺にかぎられることになりました。

こうして、太平洋を見下ろす高台にあるお寺を候補に決め、住職に相談して檀家に加えてもらう運びとなりました。

第二の段階は、芦屋のお寺から父の遺骨を移す許可を得ること。まずは、寺の住職と話し合いをしなければなりません。父が信頼を置いていた姪も、その夫の住職もすでに他界しており、しかも彼らには子供がいなかったために、今ではよその寺から来た和尚が住職を務めています。

二月二十六日、妻を連れて私はお寺に行き、住職にこれまでの供養を感謝し、庫裏《くり》改築の費用を寄進したうえで、菩提寺を関東に移すことに同意してもらいました。

しかし、遺骨を動かすときには、役所の正式な許可証が必要です。そこで三月二日に芦屋町役場に出向き、改葬許可証を発行してもらいました。その折に、町長さんにもお会いして、町や舛添家の歴史について語り合いました。

そして、町長さんのご厚意で町の資料を借り出して、江戸時代初期からの舛添家の来歴について、きちんとした調査や研究をしてみることにしたのです。

今もまだ、その作業は進行中ですが、いろいろ面白い発見がありました。

亡父との空の旅

役場をあとにして、次は父の遺骨の安置されているお寺に行きました。改葬許可証が手に入りましたので、早速、住職に供養してもらったうえで遺骨をひとまず北九州の家に持ち帰りました。そして、夕方の福岡発の飛行機で東京に運んだのです。父が亡くなってから三十

太平洋を一望する湯河原の菩提寺

八年目にして、父の遺骨とともに空の旅をしたわけです。

三月五日には湯河原の寺に行き、新しい墓が完成するまでの間、寺の本堂に遺骨を安置させてもらうことにしました。

こうして、父の御霊が到着することによって、先祖代々の舛添家が九州から関東に移転する第一歩が踏み出されたのです。

第三段階は、巨大な墓の輸送です。まずは三月二十五日、本家の寺の住職に裏山に来ていただき、父の作った墓の前でお経を上げて供養し、墓の魂を抜いてもらいました。

こうなると、墓は単なる石の塊《かたまり》となります。そのうえで二日後の二十七日に、地元の石屋さんに頼んで山から墓を下ろしました。

そして翌日、それを運送業者がトラックに

乗せて、関東へ向けて出発したのです。

その作業を円滑に行なうために、山頂から墓が下りていくときに通過する畑の所有者に挨拶したり、何十年も会っていない本家筋の親類に仁義を立てたり、とにかくたいへんな気の使いようでした。

私は墓のあった裏山の土をひと握り袋に入れて、持ち帰ることにしました。新しい墓ができたときに、父の遺骨とともに故郷の土を納めるためです。

墓といい、寺といい、とにかくあまりにも煩瑣《はんさ》なしきたりなどがあって、余分な気を使わねばなりません。お寺というのは本来、庶民が心の拠《よ》り所とするもので、さまざまな煩悩《ぼんのう》が取り払われなければならないはずです。

ところが、現実にはその逆で、葬式仏教と化した現代日本の在来仏教、そして、それを主宰する寺には衆生《しゅじょう》を救う力など残っていないのではないかと思います。

ましてや寺の関係者が「墓を作らないと祟《たた》りがある」とか「自然石の墓は縁起が悪い」などという言辞を弄《ろう》することは、厳しく戒《いまし》めるべきでしょう。信仰は、心の問題であるはずなのです。

父と母の最後の住処の完成

九州の方角に向けて立つ「舛添家累代の墓」

いずれにせよ、父の建立した墓は、三月三十日には富士吉田の石屋さんの許《もと》へ届きました。そこで、次に墓石に合った台座作りが始まりました。これからが、第四段階です。

九州から移送した墓を使うにしろ、花立て、線香立て、水鉢、カロート（納骨室）、墓誌などは作らねばなりません。これまた費用のかかる話です。

富士吉田市には私の友人の庭師がおり、彼が石屋さんを紹介してくれました。

その石屋さんや寺の住職とも相談した結果、父の作った墓は記念碑《きねんひ》的に据《す》え、新たに一式新しい墓を作るということになりました。

それは、伊予石の墓石があまりにも大きすぎて、それに合った台座を整えるとなると、土地が足りなくなるからです。そこで、苦心の妥協策と相成りました。

石屋さんは富士吉田で墓石を整え、名前などを刻み込んだうえで湯河原に運び、五月、ついに新しい墓が完成しました。父の建立した墓は太平洋を望む高台で、九州の方角を見下ろす形で鎮座《ちんざ》しています。

こうして二十一日には住職が読経し、開眼《かいげん》供養を無事終えました。

これで、母に万が一のことがあっても、父とともに静かに憩う場所が確保できました。湯河原は、東京から車でも電車でも一時間半の距離ですので、私もまた足繁く供養に通うことができるというわけです。

私のルーツ探し

ところで、三十歳で巨大な墓を作る財力があったという父は、当時いったいどんな仕事をしていたのか、興味の湧くところです。私は、戦争で父が零落《れいらく》したあとの生まれですから、戦前の父の活動については何も知りませんでしたし、子供のころに父から思い出話を聞いた覚えもほとんどありません。

父は、私が中学二年生のときに他界しましたが、戦後の貧しい日本で、皆、その日を生きていくのに精一杯の時代でしたから、思い出話に耽《ふけ》るゆとりなどなかったのでしょう。

葬式の準備をする過程で、戦前の父のことも調べてみることにしました。葬式となると、伝統的には家を単位とする儀式です。一人息子の私が、舛添家のしきたりを調べ、葬式の流儀を探らねばならなくなりました。

母は認知症で、危篤状態にまで病気が悪化しましたので、もう何を尋ねてもわかりません。そこで、先に記したように、父の眠る墓や菩提寺、それに父の生まれ故郷を訪ね、舛添家の歴史を繙《ひもと》くことにしたのです。

これはいわば、私のルーツ探しであって、また早くに亡くした父の面影を辿る旅でもありました。

同時に、母の持ち物をはじめ、家財道具の整理にも着手しました。その過程で、興味深い歴史資料がいくつか出てきました。

のちに紹介する父の戦前の選挙ビラもその一つです。第五章にも述べましたが、漢字で書かれた候補者名に、ハングルでルビが振ってあるのですから、驚いてしまいました。

二月に一時危篤状態となった母が奇跡的に元気を取り戻してからは、北九州市に帰って母の介護をするかたわら、父の戦前の活動を裏付ける資料を探すとともに、このハングルのルビの謎解きに全力をあげました。

まずは北九州市立図書館に行って、当時の新聞をマイクロフィルムで見たり、父の政治活動の場であった若松市（現在は北九州市若松区）に現地調査に行って、古老への聞き取りを行なったり、地域史の研究者と意見交換をしました。

その当時の私の資料探索活動について、「火野葦平《ひのあしへい》資料の会」の鶴島正男《つるしままさお》会長は、『西日本新聞』のコラム「風車」欄（二〇〇〇年五月十一日付）に「人間模様」と題して、次のように書かれています。


舛添要一さんから長電話がかかってきた。父のことを書こうと資料を調べているうちに、若松（北九州市）が大きく浮かび上がってきたというのだ。

昭和五年、若松で市議選が行われた。その結果は、吉田磯吉代議士率いる民政党十七、石崎敏行代議士配下の政友会七、中立連盟四、中立二。民政党の圧勝に終わった。玉井金五郎（火野葦平の父）は中立連盟から立って辛うじて当選したが、同じ政党から出た女婿の中村勉（ペシャワール会代表として医療活動を続けている中村哲の父）は落選、民政党から非公認ながら、応援弁士に吉田磯吉の子息、敬太郎を擁して立候補した舛添さんの父、弥次郎は、末席で当選のところ、次点候補者の疑義申し立てにより精査の結果、一票差で逆転、落選した。この選挙の模様は『花と龍』にも描かれていて「父も落選しなければ、この小説に登場したはず」という。

翌、昭和六年、八幡製鉄所は、対岸の若松に百軒の職員住宅を建設、「洞岡村《くきおかむら》」と命名した。舛添さんからもらった略年譜によると、弥次郎は、この村の購買会の運営に当たる傍ら、福岡県鞍手郡西川村新延《にのぶ》で炭坑を経営していたようだ。「新延」は、上野英信が、戦後、炭住を改造、運動の拠点とした「筑豊文庫」の在ったところである。

後日訪れると「洞岡村」の瀟洒《しょうしゃ》な洋風の住宅は、幾つか現存していて、往時の面影をとどめていた。梅雨もどきの雨のなか、地元の人に案内されて舛添さんと現地を歩きながら、人間の織りなす奇しき模様を考えていた。

選挙ビラに「ハングルルビ」の謎

鶴島会長らのご協力によって実った研究の成果の一部は、日本語では『朝日新聞』(二〇〇〇年六月二日付、夕刊)、『民団新聞』(二〇〇〇年六月七日付)、韓国語では『釜山日報』(二〇〇〇年七月十四日付)などに発表しましたが、内外から大きな反響がありました。

そこで、縦軸に父の生涯を辿りながら、横軸に当時の時代背景や北九州(若松、八幡、戸畑、小倉、門司)・筑豊という地域の歴史的特性を明らかにしながら、父の選挙ビラの謎を解いてみたいと思います。

結論を言えば、戦前の在日朝鮮人には選挙権も被選挙権もあったのであり、国会議員になった人も市町村会議員になった人もいます。

戦前、日本の衆議院選挙には、昭和七（一九三二）年以来延べ十二人の在日朝鮮人が立候補しましたが、唯一当選したのが、朴春琴《パクチュングム》氏で、東京府四区（本所、深川）から立ち、二度も当選しています。

また、地方議会の選挙でも、昭和四（一九二九）年から昭和十八（一九四三）年まで、都府県会で延べ十三人（うち当選者ゼロ）、市会で延べ百七十三人（当選者三十一人）、町会で延べ四十七人（当選者二十人）、村会で延べ四十三人（当選者二十九人）、区会で延べ七十人（当選者二人）となっています（松田利彦『戦前期の在日朝鮮人と参政権』明石書店、一九九五年、参照）。

若松市会議員選挙に立候補した父がハングルの選挙ビラを準備したのは、支持者である朝鮮人有権者を意識してのことでした。彼らは日本語のみならず、朝鮮語でも投票することができたのです。この事実は、あまり知られていません。

日本のみならず、韓国の友人たちにも「戦前の日本で朝鮮人に選挙権があったと思いますか」と訊《たず》ねることにしていますが、ほぼ全員が「あるはずがないだろう」と答えます。ましてハングルで投票できたことなど、知るはずもありません。

私自身も父の選挙ビラを研究するまでは、もちろんその事実を知りませんでしたし、また、小学校から大学まで、歴史の時間にそのようなことを教えられた記憶もありませんでした。

現代韓国の最高知性の一人であり、私の東京大学法学部研究室の先輩でもある崔相龍《チェサンヨン》・駐日韓国大使（当時）ですら、この歴史的事実についてはご存じなかったのです。最近は外国人の地方参政権をめぐって議論がさかんですが、このような歴史的事実を踏まえておくことも、議論を整理するうえでなんらかの参考になるのではないかと思います。

「石炭の子」として生まれて

北九州・筑豊の歴史は石炭と鉄の歴史であり、日本の近代化・工業化の歴史そのものです。この鉱業・工業地帯が明治維新後の日本を世界の檜《ひのき》舞台に立たせる原動力となったのですが、その栄光の陰には多くの悲劇も生まれました。

日本の工業化の底辺は、被差別部落の人や朝鮮半島や台湾出身者によって支えられたのであり、厳しい差別の対象となった彼らの血と汗と涙のうえに、近代日本が誕生したと言っても過言ではありません。

私は、戦後の昭和二十三（一九四八）年に八幡市（現・北九州市八幡東区）で生まれましたが、子供のころ、周りには朝鮮半島出身者がたくさんいましたし、彼らの母国語を聞く機会も多かったように記憶しています。

戦争が終わり、植民地が独立したにもかかわらず、相変わらず彼らがいわれのない差別や偏見に苦しんでいたことを、子供心に悲しく思ったものです。

私の父と母は、筑豊炭坑で結ばれました。父が炭坑を経営していたからです。私が生を享《う》けたのは、炭坑のおかげだと言ってもよいのです。石炭が日本の近代化を推進していなければ、私は生まれていなかったでしょう。その意味で、私は「石炭の子」です。

しかし、その炭坑も戦後、石炭から石油へと「エネルギー革命」が進行するなかで、次々と閉山の憂《う》きめにあいました。ヤマの繁栄と没落は、父の生涯とオーバーラップしていますし、まさに日本近代百年の歩みそのものです。

いつの日か、これまでの研究成果を基に、北九州・筑豊を舞台に、日本人や朝鮮人の織りなすドラマを再現しながら、石炭と鉄を中心とした近代日本の歴史を書いてみたいと思っています。

『花と龍』の世界で父は

私の父・弥次郎《やじろう》は、明治二十三（一八九〇）年五月三日に福岡県遠賀郡《おんがぐん》鳴門村《なるとむら》（現・遠賀町、芦屋町《あしやまち》）に生まれました。遠賀川沿いの生家には、徳川家光《とくがわいえみつ》時代の寛永二（一六二五）

年からの記録が残っています。

弥次郎は、江戸時代には庄屋（名主）として栄えたこの家と田畑を捨て、近代日本の最先端の工業地帯を目指します。

天然の良港、洞海湾《どうかいわん》と筑豊炭田《ちくほうたんでん》に恵まれた北九州に、政府は八幡製鉄所を建設し、明治三十四（一九〇一）年に操業を開始。若き弥次郎は、鉄と石炭に未来があることを見抜き、宇美《うみ》炭坑を手始めに事業を成功させ、その富を使って若松へと進出したのです。

当時の若松港は、日本最大の石炭積出港であり、活気に溢《あふ》れていました。

石炭は遠賀川を川ひらた（五平太船）で運ばれ、若松港に着きます。坑夫も船頭も、「ごんぞう（石炭仲仕）」も過酷な労働を強《し》いられ、独特の川筋気質《かわすじかたぎ》が生まれました。

その雰囲気は、火野葦平《ひのあしへい》の『花と龍』に活写されています。この小説のモデル、葦平の父・玉井金五郎《たまいきんごろう》は、港湾荷役業を営みますが、その玉井が嫌い、対抗したのが、当時の若松を支配した日本一の大侠客《きょうかく》・吉田磯吉《よしだいそきち》です。

吉田は政界にも進出し、民政党の代議士となります。父・弥次郎は、吉田陣営に属し、昭和五（一九三〇）年五月三十一日投票の若松市会議員選挙に立候補します。玉井は敵陣の対抗馬です。普通選挙法が公布されたのが大正十四（一九二五）年であり、この選挙は若松市初の普通市会議員選挙でした。

「今回光輝ある普通第一回の市会議員改選に当り、現下の市政はじつに多事多難、私共は此《こ》の難局を能《よ》く打開し市益民福の増進に我等の公僕として、真に実行力ある正義の士を選ばなければならない」

という推薦の声に推されて、父は立ったのでした。

この選挙の模様を、火野葦平は『花と龍』で描いていますが、そのなかで玉井一派に、「民政党に非《あら》ずんば、人に非ず。……なんて、滅茶な話さ。人に非ずかなんか知らんけど、若松じゃあ、民政党に入らんことには、商売ひとつ、満足に出来やせん。料理屋組合でも、みんな民政党。うちのお父《と》さんも、民政党。吉田親分さんの鼻息ばっかり、うかごうとる。阿呆らし。」(下巻、岩波現代文庫)

と吉田民政党の支配を批判させています。

父は、吉田陣営で立候補したのですが、どういうわけか、彼だけが非公認でした。

しかし、吉田磯吉の長男で、青年民政党党首であった吉田敬太郎《よしだけいたろう》や幹部の大庭勘次郎《おおばかんじろう》が、弥次郎の選挙演説会の応援弁士に立っています。敬太郎は、のちに衆議院議員や若松市長を務めることになる人です。昭和初期のもので、紙もすっかり黄ばんでいましたが、この選挙の投票日前日の演説会のビラが、わが家に残っていました。

いずれにしても、戦前の在日朝鮮人参政権についての第一級の貴重な資料が発見できたわ

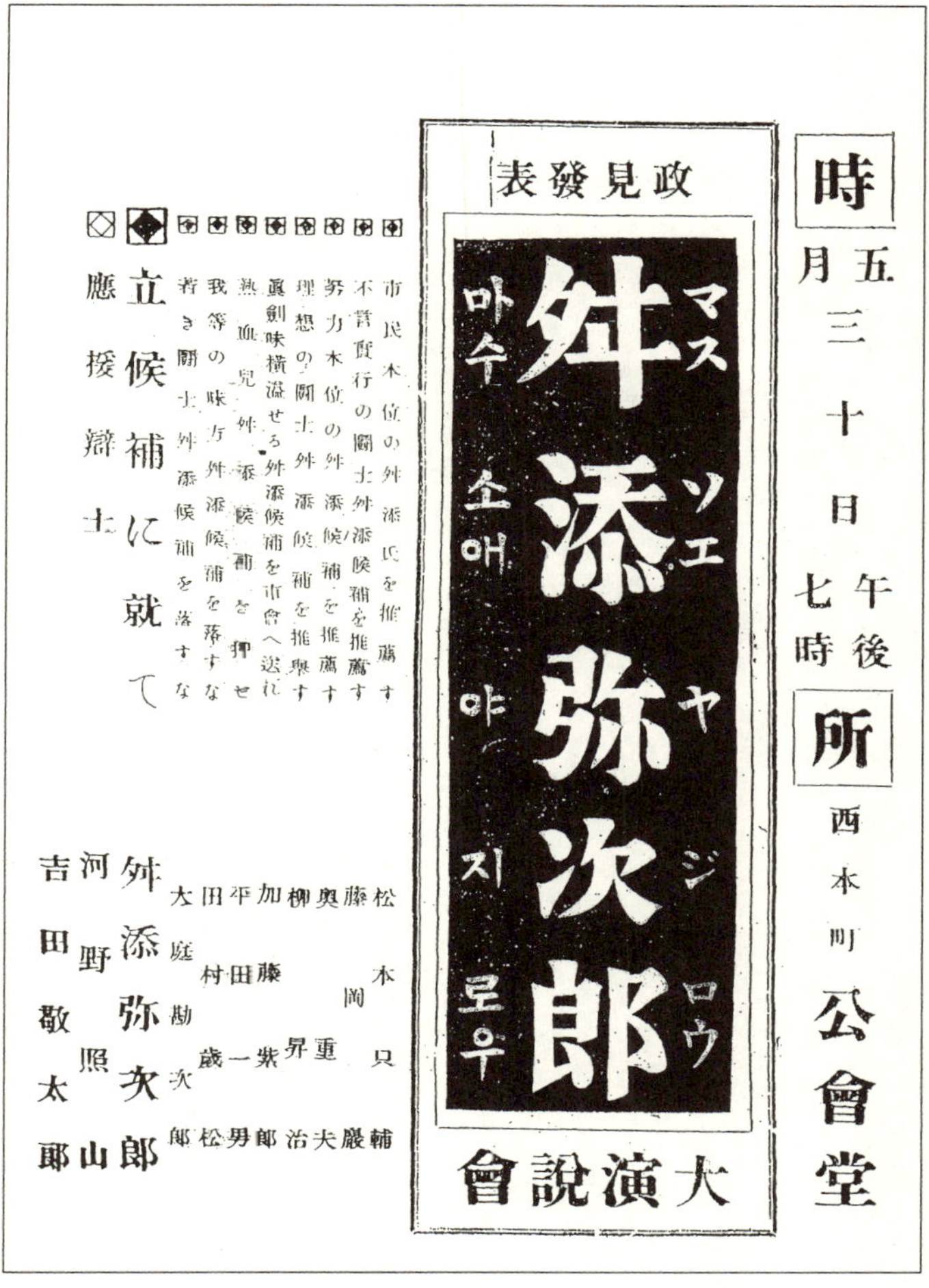
時
五月三十日
午後七時
所
西本町
公會堂
政見發表
マスソエヤジロウ
舛添弥次郎
마수소애야지로우
大演說會
市民本位の舛添氏を推薦す
不言實行の闘士舛添候補を推薦す
努力本位の舛添候補を推薦す
理想の闘士舛添候補を推擧す
眞劍味横溢せる舛添候補を市會へ送れ
熱血兒舛添候補を押せ
我等の味方舛添候補を落すな
若き闘士舛添候補を落すな
立候補に就て
應援辯士
松本只輔
藤岡巖
奥重夫
柳昇治
加藤紫郎
平田一男
田村歳松
大庭勘次郎
舛添弥次郎
河野照山
吉田敬太郎

父・弥次郎の演説会ビラ

けですが、これも母の力だと思います。母は、子供のころの私の通信簿、絵、絵日記、答案用紙などをしっかりと保存してくれていました。父の選挙関係の資料もそうです。

わが家は、私が小学二年生のときに大火に遭い、焼け落ちましたが、母は、これらを火事から守り抜いていたのです。まさか、私が父と同じように選挙に出るとは思ってもいなかったでしょう。（一九九九年の）都知事選挙の際には、昔の父のことを思い出したかもしれません。そして、そのことが母を何倍も元気にさせたのでしょう。

第七章　二つのいのち

二〇〇〇年二月、母の大病をきっかけに、私は、葬儀の準備、菩提寺の移転、墓の手配と次々に手を打っていきました。これらは、介護の次にくる母との永久の別れを前にして、どうしてもやらねばならないことです。

その過程で、わが家の歴史や父の戦前の活動についても、いろいろな発見を重ねていきました。この歴史研究は、介護に疲れた姉や私にとって、知的な遊戯《ゆうぎ》として気晴らしにもなりましたし、一服の清涼剤でもありました。介護を通じて、本当にいろいろな経験をしたものです。

母のほうは、三月一日に小倉の総合病院を退院してから、少しずつ体力を回復していきました。そこで私も、介護の合い間に菩提寺の移転などの事務手続きをする時間が捻出できたのです。

母は、この年の秋に亡くなりますが、それまでの半年間も生命の灯火を照らし続けたのは、私に、父のこと、舛添家の歴史、お寺のことなどをじっくりと振り返らせ、その歴史の重みのうえに、葬儀の準備をさせたかったからではないかと今では思えます。

親の死に直面して意識したもの

生死の間をさまようなかから奇跡的に生還した母は、小倉の総合病院から、また八幡にあるかかりつけの病院に転院しました。総合病院では個室でしたし、医療機器などの設備も整っていましたが、敗血症と腎不全という病を克服した以上、次に待つ患者さんのために部屋を空《あ》けざるをえないのです。

八幡の病院では、主治医の細かい管理の下、衰えた体力の回復に努めることになりました。

栄養の摂取は点滴に頼らざるをえません。また、尿はバルーンを入れて管で取り出します。便はおむつです。母を見舞いに病室に入るたびに、まず見るのは、透明のビニールの袋に溜まった尿の量。尿が出なくなれば腎臓が働かなくなったということで、死に直結するからです。尿の量に一喜一憂する日々が続きます。

次が点滴です。きちんと体内に栄養が入っているか、これも重要なことになります。母の腕は、右腕も左腕も点滴の針を刺した痕《あと》が残り、紫色、赤色、黄色の斑点《はんてん》だらけで、痛々しいかぎりですが、どうしようもありません。口から栄養を摂取することがいかに重要か、やせ細り変色した母の腕を見ながら再認識させられたものです。

三月初めに転院してからも、三週間くらいは、母は声をかけてもなんの反応もなく、眼も虚《うつ》ろでした。死の淵から必死の覚悟で這《は》い上がってきたのですから、生きて、呼吸をしているだけでも精一杯という感じだったのでしょう。

三月二十三日になって初めて、母は姉が声をかけると、かすかに反応したそうです。回復の兆しが見え始めました。

私は、この三月には重病の母を抱えながら、先に記しましたように、母の死に備えて、お寺やお墓の移転の手続きに奔走していました。そして母の転院と前後して、三月二日には芦屋町役場に行って、父の遺骨の改葬許可証を手に入れたのです。

いろいろな縁は重なるもので、三月十一日には母の郷里の近くで講演をすることになりました。母は、同じ福岡県でも筑豊炭田の中心である鞍手町の出身でしたが、鞍手の隣の宮田町が福祉に関する講演会を開催したのです。

私は講師として招かれ、母の介護体験などを語りましたが、聴衆のなかには、母方の親類が何人か散見されました。

今にして思えば、母の死の半年前に、父と母が生まれ育った地を相前後《あいぜんご》して訪ねることができたことになります。父がいて母がいて、そして今の自分があるわけですから、自分のルーツを探る道のりのようなものです。

父母が元気なときには、そのような感慨《かんがい》もなかったのですが、父亡きあと、母もまた父の許に行こうとしているときに、やっと自分を生んだ大本《おおもと》の大地を意識し始めたような気がします。せめて母が認知症になる前でしたら、母の故郷のことももっと母に尋ねることができて、自分のルーツ探しはもっと容易だったでしょう。

しかし、人間というものは、親の死に直面して初めて、自分がこの世に存在していることの重みを感じるのかもしれません。

宮田町での講演会のあと、父の遺骨が納められているお寺の住職と檀家の代表に会い、遺骨の移転を円満に認めてくれたことに謝辞を述べるとともに、寺の庫裏《くり》の改築費用がまだ不足しているとのことでしたので、その分を寄進しました。

その寄付には、これまで、しっかりと父の菩提《ぼだい》を弔ってくれたことへの御礼の念が込められています。菩提寺を関東に移してからは、まだ芦屋町の寺には行っていませんが、庫裏も新築され、お寺は見違えるように立派になっているはずです。

「人でなし」と呼べばいい

三月二十三日に姉の声に反応を示して以来、母は順調に回復し、ついに三十一日には口から食事をとることができるようになりました。この間、私は父の遺骨と墓の移転の作業に忙殺されていました。

三月二十五日の土曜日には、午前中、大阪で報道番組に出演したあと、新幹線で北九州に移動し、病院に直行して母を見舞いました。そして、芦屋町にある舛添家の本家の菩提寺に行き、方丈《ほうじょう》さんを伴って裏山の墓地まで足を運びました。そこで、父の墓の魂抜きのためのお経を上げてもらったのです。

その機会に父方の親族が集まりましたが、父が他界して四十年近くが経っており、その後、あまり父の係累とは交流がありませんでしたので、一部を除いては、ほとんど記憶にない人たちばかりでした。

芦屋町や遠賀町には、舛添姓の家がたくさんありますが、たとえ親族であっても日ごろの付き合いがなければ、まったく赤の他人と変わりありません。

そのあと自分で車を運転してお寺絡みの用事を終え、夕方に八幡に戻り、別の用事をすませて、また病院に向かい母の見舞いをするというように、身体がいくつあっても足りないくらいです。

母が倒れた直後、区役所や老人施設を走り回ったときにも忙しい思いをしましたが、このときは母の死の準備で、同じような思いをすることになりました。

墓を九州から関東に移すことを決めた背景には、母の介護をめぐる長姉との争いがあります。母をどのように介護するかで、私と姉とは決定的に対立しましたが、その舞台は北九州でした。前述したように、やがて来るであろう母の葬儀、そしてその後の供養で、姉との骨肉の争いが再燃することはどうしても避けたかったのです。

寺も墓も北九州から東京近郊に移ってしまえば、距離があるだけ、問題は少なくなります。千二百キロの距離を克服してまで、感情的対立を持続するエネルギーを普通の人間は持たないはずだからです。物理的距離を設けることによって、醜い争いを避けるしかありませんでした。

介護というのは、介護する家族の側でさまざまな人間ドラマを生み出します。介護地獄という言葉は、決して誇張ではありません。私が母の介護体験を綴ったなかで、長姉との対立について記しましたが、介護体験のない読者のなかには、私を人でなしのように非難する人もいました。

しかし、介護で苦労している読者からは、「舛添さんの所は、まだましです。うちなんか、きょうだいの対立はもっと凄《すさ》まじいですよ」とか、「骨肉の争いに疲れて、自殺を考えていたときに、舛添さんの本を読んで、同じような苦しみを味わっているのに頑張っているな、自分もしっかりしなくてはと、自殺を思いとどまりました」といったお便りを多数頂《ちょう》戴《だい》しました。

介護だけではなく、その後の葬儀でも、遺産相続でも、先祖の供養でも、家族のどろどろとしたドラマは続くのです。

介護地獄を最小限にとどめる、特にきょうだいの争いに終止符を打つ、そういう気持ちで母の死の準備をしていました。ちょうどこのころ、NHKでは大河ドラマ「葵 徳川三代」を放映していましたが、その絡みで私も、大坂冬の陣・夏の陣や徳川家康について歴史雑誌に寄稿していました。

徳川家康が関東に政治の中心を移したのち元和元(一六一五)年、大坂夏の陣により戦国の世に終止符を打つ、それを元和偃武《げんなえんぶ》と呼びますが、私にとって墓と寺の移転は、舛添家累代の菩提寺を関東に移すことによって、わが家の争いを鎮《しず》める「平成偃武」でした。

「ちんちろまい」とは何か

私の許に、そのころの母の食事の量を書いたメモが残っていますが、病院で出された食事を、四月三日は七割、四日は全食、五日は八割、六日は五割、平《たい》らげています。とても死線をさまよった人間とは思えません。改めて、母の生命力の強さに感嘆したものです。十一日には、久しぶりに散髪もでき、母もすっきりした顔になりました。

母は認知症が進行して、周りの人間が何をやっているかわからない状態だったと思いますが、息子の私が、寺や墓のことで東奔西走していることに感づいていたのかもしれません。そこで、「先走って、墓の準備をするもんじゃない。そう簡単に浄土には行かないよ」とでも言いたげな感じで、意地でも生き抜こうとしたのでしょう。

四月も、毎週のように母の介護に九州に入りましたが、母が元気を回復してくれたおかげで、私は映画出演すらできたのです。

このころ、福岡県の有志が資金を出し合って、『博多ムービー　ちんちろまい』という映画を作る企画があり、武田鉄矢《たけだてつや》さんが主演で、牧瀬里穂《まきせりほ》さん、床嶋佳子《とこしまよしこ》さんなど出演が決まっていました。そのうえで、福岡県にゆかりのある人間を出演させるということで、私も呼ばれたのです。監督は友人の大森一樹《おおもりかずき》さんでした。

四月十六日の日曜日、博多駅前広場でロケが行なわれました。私は、武田鉄矢さんが列車のなかに忘れた鞄《かばん》を届けるサラリーマンの役です。台本もあってなきがごとしで、ぶっつけ本番、台詞《せりふ》もその場で決めるというもの。

大森監督は興《きょう》に乗って、私にミュージカルの振り付けまでしました。広場の周りを埋める見物人の前で、私は踊りながら、この「ちょい役」をこなしたのです。見物人のなかには、姉も妻も姪《めい》もいました。しかしたとえ友人でも、監督は監督。恥ずかしくても、命令通り実行です。

人の悪い大森さんは、のちに「よくあんな恥ずかしいことをやれるものだ」と私を冷やかしていましたが、母の死後にお会いしたときは、「お母さんがたいへんなときにロケだったんですね」と労《ねぎら》ってくれました。

しかし、逆に私たち家族にとって、この映画出演は、介護疲れを忘れさせる楽しい出来事となっていたのです。

七月には映画は無事に完成し、九月から九州をはじめ各地で上映されました。映画のパンフレットのキャスト欄に「鞄を渡す男——舛添要一」と書かれていました。私の下手くそな演技にもかかわらず、この映画は面白い作品に仕上がっています。

ところで、「ちんちろまい」とは、博多弁で「てんてこまい」という意味です。子供のころ、両親がよくこの表現を使っていたことを思い出しますが、北九州市では、もう今ではこの言葉を使う人はほとんどいません。

博多と北九州市では、方言も微妙に違います。母の介護を始めたときは、本当に「ちんちろまい」の状況でしたが、母の葬儀のときには、事前に十分な準備をして「ちんちろまい」しないようにしなくてはなりませんでした。

亡父が取り結んでくれた縁

母の体調については、危篤から蘇ったという点では快方に向かっていると言ってもよかったのですが、嚥下障害のほうは四月八日ごろからまた悪化しました。口からの食事の摂取が困難になりましたので、四月十二日には鼻からチューブを入れて栄養剤を流すことにしました。

母にとっても、また介護している私たち家族にとっても、決して心地よいものではありませんが、しようがありません。残念ながら、少しずつ母の身体の機能が衰えていっていることは確かでした。

医師の診断を聞いても、母が再び口に食べ物を入れて咀嚼《そしゃく》することができるようになるのは、もはや不可能なようでした。やはり、確実に死期は近づいてきているのです。病院から出て自宅に帰ることも、また老健に移ることも、今では叶わぬこととなりました。

母のために買った車椅子用の自動車も、失業状態になってしまいました。私が東京から北九州に帰るたびに力強いエンジン音とともに出動し、母を施設から自宅へと運び、また遠出の足となっていた車です。主人とともに散歩することができなくなった飼い犬のように、緑色の車体が寂しそうな雰囲気を漂《ただよ》わせていました。

そのような状況の下で、四月後半から五月にかけては、介護の合い間をみては若松の図書館や資料館に行くなど、父の戦前の活動についての調査研究に多くの時間を使いました。

四月二十五日には博多に住んでいる親類を訪ね、父の思い出について語ってもらいましたし、翌月六日には九州国際大学に出向いて、北九州市の近代史を研究されていた坂本悠一《さかもとゆういち》教授とも意見交換しました。

そのような研究活動のおかげで、新しい友人もたくさんできました。これも、亡き父が取り結んでくれた縁だと思います。とりわけ郷土が生んだ国民作家、火野葦平にまつわる人たちには、お世話になり続けています。

戦前の政党でいえば、葦平の父親・玉井金五郎は政友会系、私の父の弥次郎は民政党系で対立していましたが、民政党系列の資料はあまり残っていません。

ところが、生涯に二百冊もの単行本を出版した火野葦平のおかげで、玉井系列の資料は『花と龍』などの小説の形になったものも含めて、まさに山ほどあります。葦平は、メモ魔、整理魔として知られており、それが今日、多くの資料を残すことにつながったのだと思います。

そこで私も、いわば敵陣の資料の山に分け入り、そのなかから父親の残像を探し出す作業をすることにしたのです。しかし、そのおかげで、火野葦平の作品を再評価することができましたし、葦平研究者とも親交を深める機会が持てました。

五月十二日には、若松の若戸《わかと》大橋近くの寿司屋で、今は亡き鶴島正男氏が会長を務めていた「火野葦平資料の会」の人たちと夕食をともにすることができました。

このように、父が若いころ活躍した若松を舞台に、戦前の日本を回想する、親子二代のセンチメンタル・ジャーニーを楽しみました。

しかし、悲しいことに、他方では長姉との争いを避けるために、そのゆかりの北九州から墓を関東に移す作業をたんたんと進めていたのです。先述しましたように、五月二十一日は湯河原のお寺で新しい墓の開眼《かいげん》供養です。父の遺骨を出来上がったばかりの墓の納骨室に入れました。

こうしてはるばる九州から運んできた、父が一九二〇年に建立した墓は、九州の方向を眺め続ける形で、太平洋を望む丘に鎮座しています。やがて母もまた、父とともにこの墓に憩うことになるのですが、その日の来るのが一日でも遅れてくれたらと願わずにはおれませんでした。


母ちゃん、孫ができるよ！

五年にわたる介護の戦友である妻は、今や身重の身体をいとおしまねばならなくなりました。そのため、妻を東京に残して、一人で九州まで介護に行くことが多くなりました。母が私たちに授けてくれた子宝の恵みです。大事にしなければなりません。妻が私に同行するのは、月に一度くらいになりました。

妻がかかっていた産婦人科は、子育ては夫と妻が協力して行なうべきだという方針を貫《つらぬ》いていましたので、私も、妻とともに分娩教室、育児教室に通うことになりました。

一方で母の死の準備をし、他方で新しく生まれてくる子を迎える準備をするという状態で、悲しみと喜びが交錯する複雑な心境でした。

母に当てていた大きなおむつが、今度は新生児用の可愛らしいおむつに変わります。

練習用の赤ちゃんは、新太郎くんという名前の人形でした。新生児の体格の人形ですから、まだ首も据《す》わっていません。まず、肌着の付け方、脱がせ方の練習です。

次は、おむつの取り替え方の訓練、そして最難関は風呂に入れることです。首がぐらつかないように左手で頭を固定して、右手で素早く身体を洗っていきます。まさに悪戦苦闘で、練習が終わると腰にずきりと痛みが走ります。

私が中年なので腰にこたえるのかと不安になりましたが、一緒に訓練に参加した若いパパ予備軍たちに尋ねても、やはり腰にこたえたというのでひと安心しました。

おむつと腰痛、介護も育児も同じだなと感じましたが、衰《おとろ》えゆく者を対象にするのと、伸びゆく者を相手にするのとは、気持ちに大きな違いがあります。

それに買い物に行って気づいたのですが、育児用品の品ぞろえの豊富さに比べて、介護用品は種類も品質もまだいまいちです。これから介護のマーケットはますます広がっていきますので、介護の分野の商品やサービスの開発にさらに力を注いでほしいと思います。

そうして分娩教室を終えると九州に飛び、母の許に駆けつけます。

「母ちゃん、孫ができるよ、孫の顔を見ないで死んだらいけんよ。どうやら女の子らしいよ。もうすぐだから元気になって待っとらんといけんよ」

そう励ますたびに、鼻にチューブが差し込まれた顔をくしゃくしゃにして涙を流して喜びます。そして、必死に今にも消え入りそうな生命の灯火を力強く燃え上がらせる母でした。

五月二十三日には、母が熱を出してしまい、たいへん心配しました。氷枕で母の頭を冷やします。すると気持ちよさそうに眼を閉じますが、少しずつ母の身体のさまざまな機能が衰えつつあることが見て取れますので、なんとも切ない気持ちになりました。

八幡に帰るたびに主治医から母の病状について説明を受けました。尿、白血球、肝機能、肺と、一つ一つ毎日のデータを比較して母の身体の状態を判断します。驚異的な力で生命を維持し続けていますが、いずれかのデータに異変が生じたとき、それは死に直結する状態であることに変わりはありませんでした。

九州の蒸し暑い梅雨は、抵抗力の衰えた母のような病床にあるお年寄りにとっては大敵です。しかし、母は全力をあげて生き抜く決意を固めているようで、懸命に病魔《びょうま》と闘っていました。鼻から入れたチューブで液体状の栄養を摂取していましたが、チューブの挿入に手間取りますし、そのたびに母が苦痛を感じます。

あるときなど、チューブの入り方が悪く、胃袋に入るはずの栄養液が口のなかに逆流したこともあります。相当に腕のいい看護師さんでなければ、チューブの着脱はスムーズにはいかないようなのです。

そもそも、点滴からチューブに切り替えるとき、腕か足かに少なくとも一ヵ所は点滴可能な箇所を残しておきます。そうしないと、万が一の場合に困るからです。

母の場合、それは足の付け根あたりでしたが、この箇所にはまだ点滴の針を差し込めましたので、七月八日には再び点滴に戻すことにしたのです。

いずれにしても、もはや自分の口で食べ物を嚙んで食べることはできないのですから、生きていくための重要な機能が働かなくなってしまっていることに変わりはありませんでした。

生まれてくる者、死にゆく者

東京で仕事をしていても、母の容態が気にかかります。毎日、夕方になると北九州の姉に電話連絡をして母の様子を尋ねました。

次第に衰えていく母との永久の別れの準備をしながら、もう一方では、生まれてくる生命を受け入れる態勢を整えねばなりません。東京では、妻とともに分娩教室に通ったり、ベビー用品店に行って買い物をしたりしました。

産婦人科での検査によって、夏が来るころにはすでに、生まれてくるのが女の子だということがわかっていました。「おちんちんが付いていませんね。足が長いですね。心臓も立派ですね」などという産婦人科医の解説入りのビデオを見ながら、妻の胎内にいる赤ん坊がしきりに動く様に感動したものです。

医学の進歩のおかげで、胎児の動きをつぶさにカメラで見ることができるようになり、生まれる前から赤ちゃんの性別を知ることができます。これも誕生の瞬間の感動が薄れるので考えものですが、事前にベビー服などを購入するには性別がわかっているほうが便利です。

妻のお腹の赤ん坊は、九州の母が衰えていくのと反比例して、すくすくと大きく育っていきました。母の死と娘の誕生が同時期になるかもしれない、梅雨明けのころ、そういう予感がしました。

とにかく私自身が元気でなければなりません。そこで、どんなに暑くても毎日一万歩を歩くか、公園で体操やジョギングをすることを日課としました。夕餉のための買い物に妻と出かけるときに、近くの公園に立ち寄り、妻がゆっくりと散歩するのを後ろに見ながら、私は何周も駆け回りました。

妻のお腹はスイカを抱えているくらいに大きくなりましたので、歩くのも大儀なようでした。しかし、適度な運動は妻にとっても必要でしたし、毎夕の散策は二人の楽しい思い出になりました。

第八章　母との別れ

七月八日に栄養摂取の方法をチューブから点滴に切り替えましたが、それは母の病状がさらに思わしくなくなったことを意味します。チューブすら負担になってきたということだからです。

それに、経鼻胃管のチューブは顔の真ん中にある鼻から差し込みますので、見た目にも痛々しく、また顔も変わってしまいます。喋《しゃべ》るのも、息をするのも困難な様子で、見ているほうも辛くなりました。

その点では、点滴のほうがまだましで、口の中を清潔にするのも楽ですし、何よりも顔の中央を管が走っていない母の素顔を見られることが嬉しいのです。

暑い夏も、母の死との闘いは続きました。呼びかけてもほとんど反応がありません。もはや言葉を発することもありません。病室の枕元にいるのが自分の息子であることはわかっているようですが、私が語りかける言葉がどれくらい理解できているのかは不明です。

しかし、孫が生まれるまで頑張るんだとでも言うかのように、母は、猛暑を乗り切ろうとしていました。

明治・大正を生きた人の粘り強さ

病院には、近所の知人も多数入院していましたので、その家族がお見舞いに来たときには、母の病室にも立ち寄ってくれました。そんなとき、母の余命が幾ばくもないこと、もしもの場合には家族だけで静かに母を葬送《おく》りたいことなどを、声をひそめて語りました。先方も同じような立場にある人たちばかりです。介護に明け暮れ、今や葬式の準備もせねばならない、しかも、そうする自分とて決して若いわけではない、そういう状況に多くの家族が追い込まれているのが、現代日本の高齢社会の実態なのです。

介護は家族のみでは不可能でしょう。ヘルパーさんや看護師さんなどのプロの助けが必要です。介護保険も家族が介護地獄から解放されるために導入されたものと理解していますが、現状では「介護はプロに、家族は愛情を」という理想は、まだ十分には叶えられていません。

介護は、地域社会全体で責任を負って実行すべきものだと思います。その点では、母の住む北九州市八幡東区の町内の皆さんにはたいへんお世話になりました。母の友人、知人はもちろんのこと、交番のお巡りさん、郵便局員の皆さん、民生委員の方々など、地域を支える人々には頭が下がります。

七月初めには、町内の巡回のたびに気にかけてくれたお巡りさんが転勤になるとのことで、ご挨拶に来られました。介護をめぐって暴力沙汰まで起こした家庭にとっては、なんとも心強い味方でした。

一時、警察の不祥事がよく報道されましたが、第一線の警察官が昼も夜も地域の平和と安全を守り抜くために努力している事実は忘れてはならないと思います。転勤なので致し方ありませんが、新しく赴任してくるお巡りさんに、前任者同様の活躍を期待したものです。

病院では、定期的に母の健康状態を検査し、そのデータを克明に記録した数値をグラフ化して時系列的な変化を観察していました。北九州に帰るたびに、主治医はそのグラフに基づいて説明し、とるべき処置について選択肢をあげてくれました。

私は、基本的には医師に任せましたが、母に苦痛を与えるような処置はできるだけ避けるようにお願いしました。

小倉の総合病院から三月に転院して以来、八幡の病院では常に母の健康状態をさまざまな検査によってチェックしてきましたが、暑い盛りにもかかわらず、七月十九日の検査データは母が驚異的な回復をしていることを示しており、主治医もこれには脱帽していました。

本当に明治・大正生まれの日本人が頑丈なのには驚きますが、母は、なんとかあと二、三ヵ月は生き抜いて、誕生してくる新しい生命に会いたいと願っていたのだと思います。

赤ちゃん返り

妻と私は、相変わらず出産の準備に追われていました。週末には、育児の練習のために産婦人科に通います。毎週、新生児人形と格闘です。入浴のさせ方、おむつの替え方、抱き方、すべて首が据わってない赤ちゃんを想定した人形相手で細心の注意が必要です。

この数ヵ月、母は入院し、医師と看護師の管理の下に置かれていますので、母のおむつを取り替えるのは看護師さんですし、むろん食事も入浴も私がすることはありませんでした。

そんな折、忘れかけていた入浴介助、おむつ替えなどを、今度は生まれてくる子供に対して私が行なうのです。介護と育児と、ここまで似ているのかと苦笑してしまいました。

人間は「おぎゃー」と生まれてきて、少年期、青年期を経て壮年となり、やがて中年、高年となるにしたがって身体機能が低下していきます。

一九九五年ごろ母に認知症の症状が出はじめたときには、まだ小学生くらいの心身の機能があった母ですが、それから毎年のように肉体年齢も精神年齢も低下していき、ついに病床に伏せてしまったときには、生後数ヵ月の赤ちゃんと同様になったような気がしました。

赤ちゃんは下の世話も自分ではできませんし、歯も生えていませんので固形の食べ物を噛んで食べるわけにはいきません。また、自分の足で立つことも不可能です。母は、まさに赤ちゃん返りしたとしか思えませんでした。この無防備な「赤ちゃん」は、家族が、そして社会全体が守ってあげるしか他に手はないのです。

「最後の秋」の訪れ

しかし、この大きな「赤ちゃん」は、点滴と排尿バルーンで命を存《なが》えながら、「孫の顔を見たい」、その一心を大きな力として猛暑の夏を乗り越えたのです。病床ではほとんど動かず、最低限の栄養素と薬の力で、生命をぎりぎりのところで維持しているといった様子でした。

九月の声を聞くと、朝晩は吹く風に涼しさを感じるようになりました。東京では、妻のお腹はますます大きくなり、歩くのも精一杯といった感じでした。予定日は十月五日ということで、出産まで一ヵ月となりました。

母のことを気遣い、葬式の準備をしながら、もう一方では生まれてくる娘を迎える準備をする。なんとも不思議な感じがしたものです。

とにかく、妻も私も体力が勝負です。特に私は、妻が出産の床につけば、一人ですべてをこなさねばならなくなります。もし葬儀と出産が重なれば、九州と東京を走り回らねばなりません。七、八月は比較的少なかった仕事も、九月以降は山積しています。家事にも奔走せねばなりません。

妻が手伝ってくれていた会社の経理も、私一人でやることになりました。とにかく毎日のジョギングと体操で身体を鍛えておく以外に、やがて訪れるであろう難局を乗り切る方法はないのです。

九月三日の日曜日は、午前中は東京でテレビの生番組に出演して、そのあといったん自宅に戻り、自分で車を運転して羽田空港に行きました。仕事のときにはタクシーやハイヤーを使うことが多いのですが、介護、育児訓練などの私的な用事は自家用車です。

認知症の老人を抱えていますと、状況によって大幅に予定を変更せねばならないこともありますので、どうも時間が読めませんでした。早朝になったり、深夜になったりで、結局は自分で自分の車を運転するしか、しようがありません。

運転は疲れますのであまり好きではないのですが、若いころにはヨーロッパで国境を越えて一日に千キロもの道のりを走り回った経験があり、大きな車でも運転するのは苦ではありませんでした。

九州では母の移動に福祉車両、自分たちの移動のためには四輪駆動を使っていましたが、運転免許がない姉は、私が不在のときには苦労していました。母のように要介護度5にもなれば、普通のタクシーでは、介護者がよほどしっかりと支えておかなければ、お年寄りの身体が安定しないからです。

福岡県は、介護タクシーを初めて日本で実現したタクシー会社のあるところですが、現在、乗降介助に加えて、乗車前、乗車後の移動などの介助も行なった場合に、介護保険の対象とする仕組みになっています。

もちろん保険の乱用は厳《げん》に戒めるべきですが、とにかく介護現場第一主義を貫いて、血の通った厚生行政を展開していきたいと強く思っています。

羽田から福岡空港に着き、新幹線で小倉に移動し、そこからはタクシーで八幡の病院に直行しました。母の状態は相変わらず芳《かんば》しくありませんが、小康状態が続いていました。そこで翌日には、北九州市の学術研究都市の建設現場の視察と撮影に行きました。北九州市の新しい取り組みを雑誌などを通じて紹介するためです。

早朝から午後まで取材しましたが、かつては鉄で栄えた八幡も、そのときすでに公害防止の先進都市、環境問題解決のパイオニアとして蘇《よみがえ》ろうとしていました。私の父と母の時代が、北九州の「鉄と石炭」を象徴するとすれば、息子の私の世代には、環境を前面に打ち出した町作りと、すっかり様変わりしていたのです。

着々と建設が進む学園都市の取材をしながら、わが家のルーツを思い出して、まさに隔世《かくせい》の感を抱かずにはおれませんでした。

体が二つほしいと思った一日

九月も中旬になって少し涼しくなったところで、妻の両親が北九州の母を見舞いました。妻が出産を控えていますので、赤ちゃんの誕生後は、妻の両親はそちらのほうでてんてこまいになるはずです。そこで出産前に、なんとか母にもう一度会っておきたいという気持ちだったのです。

病室の母は調子がよく、目の前にいる人たちが誰であるかを明確に認めることができました。これなら、まだまだ大丈夫だと皆で安堵《あんど》したのを覚えています。そして、なんとか孫の顔を見せてあげられるのではないかとも思いました。

湯河原からはるばる北九州に見舞いに来た妻の両親も安心して帰りました。ところが実際には、彼らが最後の見舞い客となってしまったのです。

妻の両親が北九州を去ってから二日後、急に母の尿が出なくなりました。一日で、わずか四〇ミリリットルしか出ません。これは一大事です。利尿剤を投与した結果、どうにか翌日にはまた尿が出るようになりました。

私は、大阪でのテレビ出演を終えて、二十三日の土曜日の昼には北九州に到着しました。母の病状は予断を許しません。しかし、私が母に向かって、

「孫が生まれるよ！　それまで頑張るんだよ！」

と叫ぶと、その声に反応するかのように、母の尿の量が正常に戻ったのです。それは奇跡としか考えようがありません。

こうして、翌日の日曜日には母は小康《しょうこう》状態になりました。私は、午後、お隣の山口県の由宇《ゆう》町で行なわれるシンポジウムへの参加を頼まれていましたので新幹線で出かけました。テーマがまさに介護への男女共同参画でしたので、なんとしても行かねばと思っていましたが、もし母の状態が悪化していれば、断念せざるをえなかったところです。しっかりと仕事をせよと、いつもそう私に言い聞かせていた母は、なんとか気力で持ち直してくれて、私の出席を可能にしてくれたのでしょう。

ちょうどそのころ東京では、臨月の妻が来るべき出産に備えていました。予定日は十月五日でしたが、妻の子宮口がすでに三センチも開き、いつ生まれてもおかしくない状態で、今にも陣痛が始まりそうでした。

危篤の母も心配ですし、妻のほうも気にかかります。危惧《きぐ》していたことが現実となりました。このときほど、身体が二つあったらと思ったことはありません。一人の私は九州で母の看病、もう一人の私は東京で陣痛の妻の介助、これができれば精神的苦労も半減します。

しかし、そんなことができようはずはありません。シンポジウムが終わると、八幡の姉に電話して母の回復状態を確認しました。すると、小康状態が続いているということでしたので、意を決して、東京に向かう新幹線に乗りました。

妻の出産に備えなければならないからです。自宅に着いたのは夜十時半。大きなお腹を抱えて大儀そうにしている妻を労《いたわ》ったあと、風呂に入って就寝しました。身も心も疲れ切って、すぐに寝入りました。

ついに訪れた母の危篤

ところが深夜の二時、疲労困憊《こんぱい》した身体を揺すぶるかのように、けたたましい電話のベルが鳴りました。母の介護をしてきた五年間というもの、自宅の電話も携帯電話も、着信音を最大にして寝ることが習慣になっていました。それは、いつ何時《なんどき》、緊急を知らせる電話が鳴るかわからないからです。

そのために、酔っぱらいの間違い電話で真夜中に何度起こされたかしれません。このようなことも、遠距離介護を実践している家族の悩みの種なのです。この心境は、遠く離れた所に病身の親がいる子供たちに共通したものだと思います。

この深夜の電話は、間違い電話でもいたずら電話でもなく、九州の姉からのものでした。病院から緊急に連絡があり、母の右肺の機能が停まってしまったというのです。

姉はすぐに病院に駆けつけましたが、東京と九州、千二百キロの距離があります。東京にいる私は、深夜ではどうしようもありません。とにかく、朝一番で飛ぶしかありません。一方で妻の陣痛がいつ始まるかわからない状態です。結局は、私の分娩教室での訓練が活かされないことになる、つまり、妻はたった一人で出産という大事業に当たらなければならなくなるかもしれないのです。

私は妻に、いざとなったら一人でも頑張ること、母の件は自分に任せれば心配ないことを諭《さと》して、とにかくその時点では睡眠の確保に集中しました。五年間の介護の過程で、いつでも、どこでも、何分間でも即座に熟睡する術《すべ》を身につけています。わずか二、三時間ですが、しっかりと眠って体力を回復し、早朝、旅支度を整えました。

もしものときも、すでに何度も葬儀の予行演習はできています。通夜や葬儀にかかるお金も北九州の自宅に確保されていますし、葬儀社は電話一本で飛んでくることになっています。

もちろん、喪服も一式、九州に用意してあります。ですから、旅支度といっても大したものではないのですが、原稿の執筆などの仕事に常に追いまくられている身です。パソコン、資料なども用意しておかねばなりません。こんな緊急時には、本当に最先端の情報通信機器が役に立ちます。

自宅を出る前に、私は一人で出産を迎えねばならない不憫《ふびん》な妻を再度励ましました。羽田から飛行機に飛び乗って福岡空港をめざし、昼ごろには母の病院に着きました。

道中は、ひっきりなしに姉と連絡をとり、母の容態を確認しながらの移動です。これまた、携帯電話の便利さが身にしみました。尿の出具合はどうか、右の肺は依然として停まったままか、心拍数はいくらかなど、細かい情報が入ります。

どうやら、母の死は時間の問題のようで、臨終に備えて病室を相部屋から個室に移すかどうか、また、どの程度の終末医療を施すかなど、医師が私の判断を仰いできます。それらを一つ一つ処理しながら、一路、北九州に向かったのです。

また一方では、東京に残した妻の状態も気にかかります。よりによって同じ時期に重ならなくてもよいだろうと、苛立ちすら覚えました。

臨終を迎えて

私が八幡の病院に到着するころまでには、母は個室に移されていました。十人もの患者がいる大部屋では十分なスペースもなく、何人かの家族が徹夜で付き添いをしようにも不便きわまりないからです。相部屋も病院経営上、致し方ないのかもしれません。

病院は基本的には個室であるべきだと思いますが、日本の福祉の水準はその程度なのかもしれません。このことを、ある厚生大臣経験者に話したことがありますが、日本人は寂しがり屋が多いので、個室よりも相部屋を好むのだという説明を受けたことがあります。

確かに、それも一理あるかもしれませんが、寂しいのなら、患者や入所者が集《つど》えるホールや食堂があればよいだけの話です。健康なときに自宅の個室でくつろいでいる人間が、病気になったらもっと劣悪な環境に入れられるというのでは、病気も回復するはずはありません。

ある生命保険の勧誘を受けたとき、「入院した場合、差額ベッド代がこれくらいかかります。だから、これだけの金額が保障される保険に入るべきです」と言われました。

差額ベッド代を前提にして保険が成立するというのは、本末転倒もはなはだしいのではないでしょうか。日ごろの養生によって、できるだけ日本の病院にはかかりたくない、それが当時の私の本音でした。

私が八幡に到着したのはお昼ごろですが、この九月二十五日には、朝から母の血圧が下がり始めていたのです。そして、尿もほとんど出なくなっていました。事態は悪化の一途を辿っています。呼吸も酸素吸入器の力を借りて、やっとの思いで続けているといった状況です。

母の顔を見て、これはもう時間の問題だと悟りました。もはや息子である私を認識できるような状態ではありません。苦しそうな息づかいに、こちらまで胸が締め付けられる思いでした。

何度も奇跡的に蘇った母ですが、今度ばかりは、私も、ついに諦めざるをえなくなりました。彼岸を過ぎて日も短くなり始めましたが、黄昏《たそがれ》どきに重い腰を上げて、件《くだん》の縁起のい い葬儀社に連絡をとりました。

「三度目の正直、今度ばかりは本当に準備開始だ」

こう言わざるをえませんでした。

即座に、葬儀社は行動を開始します。次に私が葬儀社の携帯電話を鳴らすときには、母の死を知らせる電話になるはずです。

この九月二十五日の夕方から翌日の早朝まで、第一章の冒頭に書いたように、母は最後の力を振り絞って死と闘いました。また、私たち家族も懸命の看病をしました。

そのころ東京では、妻もまた、新しい生命を産み出すために全力で、孤独な闘いに挑んでいました。

「母ちゃん、もうすぐ孫が生まれるよ。それまで頑張るんだよ」

母の手を握って、こう私は何度も母に呼びかけました。

その私の呼びかけで、母は妻の胎内で孫が順調に育っていることを確認したのだと思います。それで母も安心したのでしょう。妻に陣痛が始まりそうなのを悟って、孫への「いのちのバトンタッチ」に遅れまいと思ったのか、母は静かに息を引き取りました。

二〇〇〇年九月二十六日午前六時六分、こうして母の八十六年にわたる波乱の生涯は閉じられたのです。

第九章　母を葬送《おく》る

九月二十六日、明け方の通り雨のあとに逝った母の亡骸《なきがら》が、窓から射し込む朝の太陽を受けて、静かに横たわっています。八十六年にも及ぶ長い人生の道のりを走破した人間の持つ威厳のようなものが感じられます。

そして、鼓動を打つのを止めた心臓からは、ほっとした安らぎのメロディーが聞こえてくるようです。

「よう頑張ったね、母ちゃん。辛かったろうね。これでもうゆっくり休めるよ」

私は母の額に手を置いて、最後の別れを告げたのです。

色とりどりの花で飾った祭壇

母の遺体は、看護師さんたちがきれいに清めてくれました。自宅から持参してきたこぎれいな浴衣で、とりあえずの着替えを済ませます。そして、母の亡骸を病院の霊安室に移し、線香を上げました。

ほどなく葬儀社が手配した遺体搬送用の車が病院に到着しました。お世話になったお医者さんや看護師さんにお礼を言って別れを告げ、その車で遺体を自宅に連れて帰りました。朝八時ごろのことです。

まずはその日のうちに通夜です。そして翌日は家族だけの密葬です。すべて予行演習通りですので、葬儀社がてきぱきと段取りを整えていくのみです。残念ながら、廊下からの通路が狭くて棺桶が入りませんので、母の部屋に遺体を安置するわけにはいきません。そこで、母の亡骸は居間に置くということになりました。

早速、花屋さんが駆けつけて、居間にしつらえた祭壇を花で飾り始めます。花を愛《め》でた母のことです。思い切り贅沢に、母が好きだった花で部屋中を一杯にしてみせる、そう決めていました。

ところが、花屋さんが申し訳なさそうに「赤やピンクの派手な色の花でも構わないですか」と尋ねます。葬儀といえば、白い菊の花と相場が決まっていますので、私の注文に少し戸惑ったのかもしれません。

「もちろん、構わないよ。色とりどり、明るい色彩で飾ってください。蘭もふんだんに使って。また、特にバラ、それも赤いバラで一杯にしてください」

私はこう答えました。母はバラの花、とりわけ深紅のバラが好きだったからです。

こうして、お昼ごろまでには色とりどりの花で飾られた祭壇が出来上がりました。祭壇の中央は、真っ赤なバラの花を背にして微笑《ほほえ》む母の遺影です。これは、認知症になったあと、車椅子で母を花市場に連れて行ったときに私が撮影した写真です。花が好きな母は、花に囲まれると本当に嬉しそうな顔をしたものです。

子供のころ、母に連れられて、花屋さんや花売りの朝市に行ったことを思い出しました。春になると、母は自宅の庭に種をまいたり、苗を植え付けるのが日課でした。少年時代の私は、母と庭の作業をするのが大好きでした。

庭の池には金魚や鮒《ふな》や亀などを飼っていました。長い冬が終わって日脚が延び始め、太陽の光も眩《まぶ》しくなるころ、庭で母のガーデニングを手伝ったのが、昨日のことのように鮮明に記憶に残っています。

じつは、母が長姉の家に同居することになってから、この庭いじりがほとんどできなくなっていました。それは、花を植えるだけのスペースが十分にない、また自分の家ではなく婿の家なので、庭をいじるにしても気兼ねせざるをえないといった理由からです。

こうして母からガーデニングの楽しみを取り上げ、家に引きこもる生活になったことが、母を認知症に追い込む原因の一つになったと思います。

花にまつわるいろいろなことを思い出しながら、母と永久の別れをする祭壇が、母が愛でた花で溢れんばかりになったことに、心の安らぎを感じました。棺桶に納められた遺体もまた、バラや蘭の芳《かぐわ》しい香りに包まれています。

息子として、どんなに費用がかかっても、最後の花だけは、母に最大限の贅沢をさせてあげようと考えていたのです。遺影のなかの母の周りには、花市場の深紅のバラが輝いています。そして、さらにその遺影の周りでは、蘭、ガーベラ、バラ、カーネーションなどの花が鮮やかに母に微笑みかけています。こうして、通夜、葬儀の舞台装置が完成したのです。

自ら『般若心経』を読経

ところで、通夜、そして葬儀は、介護に携わった家族のみの密葬とする、正式な告別式は追って考えるという方式を堅持しました。それは前述のとおり、長姉夫婦が葬儀の場に乗り込んで来て、またもや暴力沙汰を起こすことを阻止するためです。介護でさんざん争いを繰り返し、姉弟関係を断絶し家族を崩壊させたのです。母の葬儀にまで、その争いを持ち込むことは絶対に許さない。いかなる手段に訴えても、これ以上の不祥事を起こすことは断固として拒否する。これが、かねてからの私の決意でした。

とにかく、母を荼毘に付すまでは、静かにしておいてほしかったのです。北九州市は、百万都市とはいえ、やはり田舎です。母の死のニュースなど、近隣のお喋りおばさんたちの口からあっという間に広まります。そのせいで、母の葬儀を台無しにされたのでは、母が最も悲しみます。

そこで、徹底した情報管理を行なうとともに警備態勢を強化し、危機管理を徹底させたのです。母の亡骸《なきがら》が自宅に帰った瞬間から、警備会社のガードマンが数人でわが家を警備し、事前に私が許可した者以外はどんな理由があろうと排除しました。

これを、葬儀が終わり、私が母の遺骨とともに東京に飛び立つまで続けました。何を大袈裟なと思われるかもしれませんが、経験した人ならわかるでしょう。介護をめぐる家族崩壊とは、そこまで凄まじいものなのです。

葬儀の場できょうだいが争い、刃傷沙汰《にんじょうざた》になって死傷者が出るケースすら報道されています。そのような愚だけは、絶対に避けようと考えました。

親の葬儀に姉を呼ばないことを、残酷だと批判する人もいると思いますが、母の葬儀には私を呼ばないと最初に宣言したのは長姉のほうです。母を脅し、母の血圧を二〇〇近くまで上げ、命を縮めさせた姉を許すことは私にはできませんでした。あのときその現場に居合わせたなら、私のこの心情は理解していただけることでしょう。

現場に居合わせもしないのに、また介護をめぐるどろどろとした人間ドラマの経験もないのに、したり顔で、道学者ぶって、通り一遍の批判をして自己満足に陥っている類《たぐい》の人間を、私は心から軽蔑します。

すでに菩提寺も墓も、もう九州から湯河原に移っています。あえて九州の僧侶を呼ぶ必要もありません。僧侶といえども人間です、「口外するな」と伝えたところで、親族一同に知らせるのが筋だなどとのたまって、誰彼なく声をかける可能性があります。

それに、葬儀が大規模になればなるほど、お布施の包みも重くなります。「坊主の口から情報漏洩《ろうえい》」では、危機管理の実があがりません。だから僧侶も呼ばない、そこまで徹底したのです。

葬儀社の人は「曹洞宗の読経のカセットテープがあるので、それを流しましょうか」と私に尋ねます。即座に私は「それには及びません。私が自分で心を込めてお経を上げます」と答え、通夜も葬儀も、息子である私の読経で母を葬送《おく》ることに決めました。

まずは、『開経偈《かいきょうげ》』から始めます。そして、『般若心経』を心を込めて唱えました。「観自《かんじ》在菩薩《ざいぼさつ》。行深般若波羅蜜多時《ぎょうじんはんにゃはらみたじ》」と始まり、「ぎゃーてーぎゃーてーはらぎゃーてー。はらそーぎゃーてーぼーじーそわかー。般若心経」と終わります。形式だけの僧侶の読経よりも、母はきっと息子の唱える『般若心経』を喜んでくれたと思います。

通夜では、母の祭壇の前で皆で食事をしたあと、心身ともに疲労困憊状態の姉たちに二階でぐっすりと寝るように言って、一人で母の亡骸を一晩中守りました。母と男の子、それも一人息子で末っ子、女の子とは違ったものがあります。

母の身体が、現世で肉体をまとっている最後の夜、自分を産んで育ててくれた、いとおしい母に、線香と読経を手向《たむ》けながら、長い夜を心静かに過ごしました。

介護・葬儀・お墓の心配の中身

通夜には終夜、線香を絶やさずに、安心したように眠る母の顔を見ながら、ときおり『般若心経』を唱え、母との思い出に耽りました。現世の苦しみからやっと解放されて、母は極楽浄土に行きます。親孝行が足りなかった分は許してもらわねばなりません。

それにつけても、介護をめぐって子供たちが相争い、葬儀にも一堂に会することができないことを母はどんなに悲しく思ったでしょう。

「介護はプロに、家族は愛情を」という理想が実現できていないがために、日本の各地で同じような家族のドラマが日夜演じられているのです。一日も早く福祉先進国になって、介護地獄を解消しなければならないと思います。

翌二十七日の朝一番に家族だけの葬儀を執り行ないました。家族が祭壇の前で朝食をとったあと、再び私が読経を始めます。

市営の火葬場が開くのが九時ですから、一番乗りで荼毘に付すためには、出棺が八時半ごろでなければなりません。母に最後の別れを告げ、そこでも私が『般若心経』を唱えながら母の棺を送り出しました。

火葬場で荼毘に付されたあと、母のお骨を壺に納めました。骨壺をしっかりと抱いて、八幡の家に帰り着いたのがお昼前です。私たちが火葬場に行っている間に、祭壇はほとんど片付けられていました。

軽い昼食を済ませて私はすぐに帰り支度を始めます。寺も墓ももう湯河原にありますので、母の遺骨を胸に抱いて、その日の午後には、すでに羽田に向かう機中の人となっていました。

ところで、介護の次に待っているのは、葬儀であり、お墓の心配です。介護で疲れ切った身にこの課題は重いものでした。しかも、葬儀にしろ、墓にしろ、介護と同じくらいにさまざまな問題と矛盾を抱えています。ですからそれが面倒で、最近では散骨や自由葬などが流《は》行《や》っているのです。

父は、昭和三十八（一九六三）年に死去しましたが、その際には隣近所が協力してくれて、質素ながら心温まる葬式を執り行なうことができました。

私の従姉の夫である住職も、飾るところのない徳の高い人でしたので、その唱えるお経は本当に心が籠《こ》もっていました。五十年前には、まだ近隣の相互扶助、魂の救済としての葬式は存在していたと思います。

ところが、一九六〇年代以降、工業化と都市化が進み、伝統的な村落共同体が崩壊し、核家族化が進展しました。そのため、家を単位とする葬儀や、菩提寺や墓は成り立たなくなっていきました。

その傾向は少子化の進む今日、ますます顕著《けんちょ》になっています。しかも、これからは都会では墓地不足が問題となってきますし、合祀廟《ごうしびょう》の類が増えていくでしょう。

息を引き取るときには医者の世話になります。死亡診断書がないと火葬や埋葬の許可が出ないからです。死後のことは僧侶が面倒を見ます。その生から死への橋渡しをするのが葬儀社です。

母の死の告知は一斉に

九州で通夜も葬式も終えましたので、当初はそれですべて完了する予定でした。しかしそれだけですと、ごく一部の身内を除いて母が亡くなったことを誰も知らないことになります。ですから、私が最初に母の介護についての手記を寄せた「婦人公論」に一文を書いて母の死を世間に知らせる算段でした。

しかし、この雑誌を発行している中央公論社が、経営不振で読売新聞社に引き取られるなどの混乱があり、その掲載がいつになるのかすぐにはわかりませんでした。

そこで、正式に告別式を行なうことを急遽決め、新聞社や通信社に一斉《いっせい》に訃報を流したのです。式場は湯河原にある菩提寺、期日は十月二日です。北九州ではなく、東京の近郊です。距離を考えれば、長姉たちが乗り込んで来て騒動を起こす心配もありません。ただ、一年半前から準備を進めてきた北九州での密葬と違い、こちらは事前には決めていませんでした。四十九日が済んでからでも故人を偲《しの》ぶ会を催そうと考えていたからです。しかし、それでは間延びがします。

そこで急遽方針を変更し、初七日の日を告別式と決めたのです。北九州市での葬儀と違って、こちらは急ごしらえで、まさに「ちんちろまい」でした。

このように、多くの人は肉親の死に直面して動転しているなかで葬儀の準備をせねばならなくなります。それだけに、葬儀社や僧侶の姿勢次第で遺族は怒り心頭に発したり、逆に心が洗われる思いをしたりするのです。

村落共同体が葬式に責任を持っていた時代には、葬儀社は、いわばそれを支援する下働きで力仕事を担っていました。したがって恩恵的に志を頂戴して、労働の対価としていたのです。

しかし、今は葬儀社が遺族の相談にのり、葬式一切を取り仕切るコンサルタント・サービス業の位置にいます。とはいえ、女性の遺体は女性従業員が死に装束を整えるくらいの配慮が必要なのではないでしょうか。

二〇〇八年に上映されて話題となった『おくりびと』のおかげで、今や納棺師《のうかんし》は誰もが知る職業となりました。

故人の装束を整え、生きていたときと同じ顔立ちになるように化粧をしてから納棺する、という人生最後の儀式が執り行なわれれば、こちらも清らかな気持ちで故人を送り出す心の準備ができます。

また、その葬儀費用は事前に公表して、透明性を高める必要があるでしょう。費用の透明性を高めるべきなのは、お寺や僧侶についても同様です。葬式などでのお坊さんの仕事は、サービス業として位置付け、仏教の本来の使命である心の救済とは別立てにしたほうがよいような気がします。

宗教法人として税制はじめさまざまな優遇措置を与えられているから、「葬式仏教」だの「坊主丸儲け」だのと悪口を言われても、返す言葉がありません。しかし、僧侶とて霞《かすみ》を食って生きているわけではありません。生活の糧を保証すべきで、それはお布施という形ではなく、正当なサービス事業への対価として支払われるべきでしょう。

したがって、価格が公表され、透明性が確保されたほうがよいと思います。寺の経理も営利法人と同様な合理性が求められる時代なのであり、それを怠れば、散骨が増えて、長期的には寺の存続そのものが危うくなるでしょう。伝統的な葬儀や寺を守るためにこそ、公益法人のあり方を抜本的に再検討すべき秋《とき》が来ているように思うのです。

二つの葬儀

新聞の訃報欄に母のことが載ると、凄まじいまでの反響が寄せられました。告別式には多数の友人たちが参列してくださり、焼香をし、お悔やみを述べてくれました。介護の社会化を訴え、認知症の母や介護をめぐる家族のドラマを赤裸々《せきらら》に世にさらした以上は、母の死もまた世間に知らせる義務があったのです。

家族のみによる密葬以上のことをすることには最後まで躊躇しましたが、母の死を公表しておきながら正式な葬儀をしないのは、かえって礼を欠くことになります。

東京都内の葬儀場だと、交通も便利ですから出られない理由を探すのが困難です。しかし、足の便の悪い湯河原のお寺なら、時間的に出かけられないと葬儀への出席を断わる口実ができます。それで、湯河原の菩提寺を葬儀会場としたのです。

そのせいもあって、こぢんまりとした告別式にすることができました。遠路参列してくださった方々、また葬儀のお手伝いを買って出てくださった仲間の皆さんには心から御礼申し上げたいと思います。

北九州では、危機管理に協力してくれた人たちから、「あれっ、正式な告別式はやらないのではなかったの？」という不満の声も漏れてきましたから、お気持ちを無にしてしまった方がいらしたかもしれませんが、状況を判断しての予定の変更だったのです。お世話になった方々のおかげで、母を葬送るということでは、二度の葬儀とも、それぞれ別の意味で心の籠もったものになったと思っています。

ところで、母の死が世間に公表されると、多くのメディアが私に取材に来ました。一つ一つに丁寧に対応しましたが、そのときの思いは、介護の問題に社会全体で取り組んでほしいということに尽きました。

そのような取材攻勢のなか、九月三十日付の『朝日新聞』が「天声人語」で次のように書いてくれました。筆者がどなたかは存じませんが、私が言いたかったことをずばりと代弁してくれていますので、以下に引用しておきます。

本文の記載のなか「痴ほう」という言葉がありますが、これはその呼称を「認知症」と改める前のものですから、そのまま掲載しますがご諒承いただきたいと思います。

舛添《ますぞえ》ユキノさんが亡くなったという記事が、各紙に載った。八十六歳。国際政治学者、舛添要一さん（五一）のお母さんだが、この方の名前は要一さんの著書『母に襁褓《むつき》をあてるとき』(中公文庫)で一般にも知られている。

八十二歳のとき、ユキノさんは脳こうそく性の痴ほうが進んで、介護が必要になった。東京の要一さんは、夫人とともども毎週のようにお母さんが住む北九州市に通って、面倒をみる。そして介護の過程で、さまざまな壁に直面する。舛添家だけでなく、この社会に共通する問題点である。

リハビリのために入った施設では、まともに世話をしてもらえず、車いす生活に転じ、襁褓=おむつをする身になった。しかし、介護についての知識が乏しかった要一さんに、それは実感できない。駄目な施設からは一日も早く退所させるのが鉄則、と悟るまで、ユキノさんは快適とはほど遠い生活を送る。

痴ほうは病気なのだから、何ら恥じることはない。が、物忘れによる生活の混乱、はいかいなど、介護には大変な苦労が伴う。親のそんな姿を見せたくないとの心理も働き、家族だけで介護する例も多い。その結果、介護する側は心身ともに疲れ、「介護地獄」が生まれる。

要一さんはあえてプライバシーを公開し、「地獄」を赤裸々につづった。だれが介護を引き受けるのか、だれが費用を出すのか。きょうだいは壮絶に対立し、家族は崩壊していく。だれの言動が正しいのか、部外者にはにわかに判定できないが、ひとごとでないことは、はっきりとわかる。

あす以降、六十五歳以上の人からの介護保険料の徴収も始まる。〈介護保険制度を導入した政治家たちが、「子供が親の介護をするのは日本の美風」といった認識を抱いているようでは、お先真っ暗な感じがします〉。母への愛に満ちた本の最後に、要一さんはそう書いていた。

介護保険が導入されても残る最大の問題は、施設やスタッフが不足しているということなのです。「保険あってサービスなし」という状態は、一日も早く解消せねばなりません。「天声人語」が言うように「駄目な施設からは一日も早く退所させるのが鉄則」なのですが、現実には、その施設を出たら次に行く所がないのです。だから施設側はいかに劣悪であっても、「入れてやっているだけありがたいと思え」と高圧的な態度になるのです。

東京でも北九州でも、特養に入るのに三年は待たなければならない状態はそのときまだ続いていました。いったいこれで介護地獄がなくなるのか――暗澹《あんたん》たる気持ちにさせられたことを思い出します。

いのちのバトンタッチ

母が逝った翌日に産声をあげた娘・果連と

さて、もう一度、九月二十七日朝の葬儀の場面に戻ります。母に皆で最後の別れを告げ、私が『般若心経』を唱えながら母の棺を送り出そうとしているとき、私の携帯電話が鳴りました。妻の弟からです。

母が逝った日の夜十一時半ごろに、妻の陣痛が始まりました。深夜の二時半ごろには、十分間隔で猛烈な痛みが妻を襲います。私が東京にいれば車で産院に連れていけるところですし、分娩にも立ち会うところでした。

しかし、それは叶いません。妻は一人でタクシーを呼んで、産院に急ぎました。きっと心細かったことと思います。妻の頑張りには頭が下がる思いですが、同時に母になる身の強さを感じました。義弟からの電話は、もうすぐ赤ちゃんが生まれそうだという知らせでした。

そこで、俄坊主《にわか》の私は一時、読経を中断です。「本物の坊さんなら、こんなことをしたらクビだな」と、皆で苦笑しました。

悲しみのなかで、新しい生命への期待が喜びとなって居合わせた家族に広がります。

八時半すぎに出棺。母の亡骸は、八幡の家を出て門司の火葬場に向かいます。九時に到着。この市営火葬場では、喪主が火葬炉の点火ボタンを押す規則になっています。

肉体を持った母との本当に最後の別れです。こうして、母の遺体は荼毘に付され、魂が天に昇っていきました。

まさにその瞬間、二〇〇〇年九月二十七日、午前九時三十五分、亡き母が、そして私たち夫婦が待ちに待った新しい生命が呱々《ここ》の声を上げたのです。まさにみごとな「いのちのバトンタッチ」です。輪廻《りんね》ということ、そして仏さまの温かいお慈悲《じひ》を感じざるをえませんでした。

元気にこの世に生を享けた赤ん坊は、母が生まれ変わったかのように女の子でした。母との別れという深い悲しみのなかで、待ちに待った朗報です。いろいろな思いを込めて、私はこの子を「果連《かれん》」と命名しました。

母が葡萄をはじめ果物が大好きだったこと、そして、その葡萄のように果実が連なる、つまり人生が実り多いものになるように、そしてまたローマ字で書けば「ＫＡＲＥＮ」と世界で通用する名前であること、さまざまな思いを託《たく》しました。果連の誕生日は、母の命日の翌日です。

母の生涯を振り返ってみますと、苦労の連続だったような気がします。父と結婚した当初は、父の権勢も富も他人が羨《うらや》むほどであったのが、戦争とともにすべては失われます。敗戦の日本で、病身の夫の面倒を見ながら五人の子供を育てる、それは並大抵のことではなかったでしょう。

しかも、昭和三十八年には夫が他界します。苦労は倍増したはずです。しかし、母は子供たちへの愛を決して失いませんでした。物質的に貧しくても、大きな心で私たちを育んでくれました。

料理の上手な母は値のはらない材料で、たっぷりとおいしい食事を用意してくれました。住む家は老朽化し傾いても、小さな庭には四季折々の花が咲き乱れ、小動物が遊んでいました。

子供たちの心が豊かになっていかないはずはありません。

こうして子育てが終わると、最も心を注いだ一人息子は、東京へ、そしてヨーロッパへ飛び立っていきました。しかし母は、いかに寂しくても不満一つもらしませんでした。若い私は自分のことで精一杯で、母のことなど顧みるゆとりもありませんでした。

ある意味で、私は母を捨てたのかもしれません。母は、息子はもう自分の許にはいなくなったと諦めてしまったようでした。

元気なときの母には何一つしてやることができませんでした。温泉旅行にしても、認知症を患う前に連れて行ってあげたかったと後悔しています。

しかし、もう終わったことは仕方のないことです。母が認知症で苦しんだ五年間、一生懸命介護したことで母に許してもらうしかありません。そういう思いで母の遺影を見つめると、母は微笑みながら、

「私のことはもういいから、しっかりと果連を育てるんだよ」

こう答えているような気がします。波瀾万丈の人生を終えた母が望みを託したこの新しい生命は、どのような未来を夢見ているのでしょうか。

母の戒名は「樹徳院幸覺美粧大姉」、父の戒名「圓応院覺道良禅居士」と仲良く対《つい》をなしています。

この二人に生を授けられたことを、私は息子として誇りに思います。果連もまた、成長した暁《あかつき》に、私たち夫婦に同じ思いを抱いてくれるでしょうか。そうであるように、これからの人生を精一杯生きていこうと思います。

そして、今までの経験を存分に活かして、私が掲げた都政の重要政策、すなわち「介護」

「保育」「雇用」など社会保障政策の充実を図り、東京を「世界最高福祉都市」にすべく、全力をあげて邁進《まいしん》していく所存です。

＊本書は、二〇〇八年一月に佼成出版社から発刊した『私の原点、そして誓い』を改題、大幅に加筆し、再編集したものです。

舛添要一
1948年、福岡県に生まれる。1971年、東京大学法学部政治学科を卒業し、同学科助手。パリ大学現代国際関係史研究所客員研究員、ジュネーブ高等国際政治研究所客員研究員などを歴任したあと、東京大学教養学部助教授。1989年、舛添政治経済研究所を設立。2001年、参議院議員選挙に当選。2006年からは参議院自民党政策審議会長を、2007年からは厚生労働大臣をつとめる。2014年、東京都知事に選出される。
著書には、『母に襁褓をあてるとき　介護　闘いの日々』(中公文庫)、『内閣総理大臣—その力量と資質の見極め方』(角川oneテーマ21)、『永田町vs.霞が関』『日本新生計画』『日本政府のメルトダウン』『憲法改正のオモテとウラ』(以上、講談社)などがある。

講談社＋α新書　654-1 C

母《はは》と子《こ》は必《かなら》ず、わかり合《あ》える
遠距離介護５年間の真実

舛《ます》添《ぞえ》要《よう》一《いち》

2014年6月19日第1刷発行

発行者——鈴木 哲
発行所——株式会社 講談社
東京都文京区音羽2-12-21 〒112-8001
電話 出版部(03)5395-3532
販売部(03)5395-5817
業務部(03)5395-3615
デザイン——鈴木成一デザイン室
カバー印刷——共同印刷株式会社
印刷——慶昌堂印刷株式会社
製本——株式会社若林製本工場

定価はカバーに表示してあります。

落丁本・乱丁本は購入書店名を明記のうえ、小社業務部あてにお送りください。

送料は小社負担にてお取り替えします。

なお、この本の内容についてのお問い合わせは生活文化第三出版部あてにお願いいたします。

Printed in Japan
ISBN978-4-06-272853-9

講談社+α新書

最強の武道とは何か　ニコラス・ペタス
K-1トップ戦士が自分の肉体を的に実地体験！強さには必ず、科学的な秘密が隠されている!!
838円 627-1 D

住んでみたドイツ　8勝2敗で日本の勝ち　川口マーン惠美
在独30年、誰も言えなかった日独比較文化論!! ずっと羨しいと思ってきた国の意外な実情とは
838円 628-1 D

成功者は端っこにいる　勝たない発想で勝つ　中島武
350店以上の繁盛店を有する飲食業界の鬼才の起業は40歳過ぎ。人生を強く生きる秘訣とは
838円 629-1 A

若々しい人がいつも心がけている21の「脳内習慣」　藤木相元
脳に思いこませれば、だれでも10歳若い顔になる！「藤木流脳相学」の極意、ついに登場！
838円 630-1 B

新しいお伊勢参り　〝おかげ年〟の参拝が、一番得をする！　井上宏生
伊勢神宮は、式年遷宮の翌年に参拝するほうがご利益がある！　幸せをいただく(得)お参り術
840円 631-1 A

日本全国「ローカル缶詰」驚きの逸品36　黒川勇人
「ご当地缶詰」はなぜ愛されるのか？　うまい、取り寄せできる！　抱腹絶倒の雑学・実用読本
840円 632-1 D

溶けていく暴力団　溝口敦
反社会的勢力と対峙し続けた半世紀の戦いの集大成！　新しい「暴力」をどう見極めるべきか!?
840円 633-1 C

日本は世界1位の政府資産大国　髙橋洋一
米国の4倍もある政府資産⇩国債はバカ売れ!! すぐ売れる金融資産だけで300兆円もある！
840円 634-1 C

外国人が選んだ日本百景　ステファン・シャウエッカー
旅先選びの新基準は「外国人を唸らせる日本」あなたの故郷も実は、立派な世界遺産だった!!
890円 635-1 D

もてる！『星の王子さま』効果　女性の心をつかむ18の法則　晴香葉子
なぜ、もてる男は『星の王子さま』を読むのか？人気心理カウンセラーが説く、男の魅力倍増法
840円 636-1 A

「治る」ことをあきらめる「死に方上手」のすすめ　中村仁一
ベストセラー『大往生したけりゃ医療とかかわるな』を書いた医師が贈る、ラストメッセージ
840円 637-1 B

表示価格はすべて本体価格（税別）です。本体価格は変更することがあります

講談社+α新書